Pisso, Franco
Francotiradores / Franco Pisso. - 1a ed. - Godoy Cruz : Tinta de Luz, 2020.
186 p. ; 20 x 13 cm.

ISBN 978-987-8420-12-7

1. Desarrollo Personal. 2. Oratoria. I. Título.

CDD 158.1

FRANCOTIRADORES
Autor/a: ©2020, Franco Pisso

Edición, corrección y diseño: Editorial Tinta de Luz
+54 9 261 3014073 | info@tintadeluz.com.ar | www.tintadeluz.com.ar
Mendoza, Argentina.

Ilustración: Lia Chapado
Arte: Ramiro González

*

FRANCOTIRADORES

SECRETOS PARA PERSUADIR Y
COMUNICARSE EFECTIVAMENTE

Franco Pisso

AGRADECIMIENTOS

Quiero agradecer a mis padres, por ser un ejemplo de unión y cariño; a mi hermano, por ser mi guía incondicional; a mis amigos, que son el combustible de mis ideas, y a mi novia, por ser mi compañera de ruta.

Agradezco a mis alumnos, que son mi mayor motivación, y a todas las personas que dejan una marca positiva por donde pasan, creyendo que el mundo es un lugar para personas inconformistas.

PREFACIO

La travesía de mil millas comienza con un paso.

Lao-Tsé

Diversas razones pueden haberte llevado a tomar este libro. Tal vez el título llamó tu atención, aceptaste seguir una recomendación, te gustó alguna de mis charlas, el contenido de mis redes o, quién sabe, tuviste ganas de comprobar si el contenido le hace honor al título.

Cuando elegí FRANCOTIRADORES para este libro, pensé en algo que genere incomodidad, que provoque, que atraiga a las personas que tienen la intención de darle al blanco de una vez por todas.

Este libro probablemente haga que cambies tu forma de pensar, que cambies acciones de tu vida, tu comunicación y la de tu negocio o que, al menos, te replantees lo que estás haciendo actualmente, pero ¿sabes qué?, los cambios son parte de la vida: eso es un hecho innegable. Seguramente habrás escuchado alguna vez que "la única cosa permanente de la vida son los cambios". Estoy seguro de que los cambios suceden y seguirán sucediendo en tu vida. Aunque vos sientas que está todo bien, siempre hay algo que mejorar o cambiar para crecer y, sobre todo, evolucionar.

La buena noticia es que, en este momento, te digo sin miedo a equivocarme, que ya avanzaste en este proceso. Tu intención de persuadir de una mejor forma ya fue transformada en acción cuando decidiste empezar a leer este libro. En un momento de decisión como este, tu destino está siendo escrito.

Las decisiones son bifurcaciones que aparecen en nuestras vidas. Una decisión sucede en el preciso instante en que el camino se divide y tenés que elegir: la derecha o la izquierda. Ahora, cuando decís "Bueno, ¡basta!" a una situación de incomodidad, comienza una nueva perspectiva de vida.

"Bueno, ¡basta!" es una de las expresiones más transformadoras que conozco. Cuando tenés el coraje de decir esas dos palabras, con toda seguridad, diste el primer paso para ser un FRANCOTIRADOR.

Primera recomendación fundamental:

Un FRANCOTIRADOR entiende que todo tiene su tiempo y hay que saber tirar exactamente en el momento adecuado.

No busques leer este libro con el afán de devorarte todas las herramientas en un día. Si hay alguna urgencia en estas páginas es por la reflexión y la conexión de las técnicas con tu vida y tu comunicación.

Con este libro y los métodos que tiene, podrás persuadir como lo hacen "los mejores del mercado". Pero nunca olvides que la mejor biblioteca la tenés arriba de los hombros.

Reflexioná e intentá almacenar.

¿Cómo recomiendo usar este libro?

El aprendizaje es directamente proporcional al foco y a la inmersión en lo que querés aprender. Esto no es válido únicamente para la persuasión, sino para cualquier rama del saber.

Una de las cosas que debes hacer es crear tu propio mundo de experiencias, donde, buena parte de tu tiempo, conectes tus vivencias con lo que vamos a trabajar en el correr de las páginas.

Este libro puede ser tu lectura de cabecera, pero si lees una parte por día y después te sentás a mirar televisión sin aplicar nada de lo observado, no esperes resultados. Es necesario ser consciente de que la persuasión sucede en todos los ámbitos de la vida, inclusive con tus convivientes.

Comparto algunos consejos que facilitan el proceso de inmersión en este universo de la persuasión:

1. **Ir un paso más allá.** Reservate un tiempo para analizar las cosas y profundizar todo lo que quieras en cada uno de los puntos que vamos a ver en el libro.

2. **Jugá con el libro.** Me encantaría que nos encontremos en un futuro y me pidas que te firme el libro, si eso sucede, da por hecho que voy a hojearlo. Nada me produciría más placer que verlo todo marcado, con anotaciones en los bordes y sus hojas dobladas. Manipúlalo hasta que se convierta en parte de tu cotidianidad.

3. **Suscribite a mi canal de YouTube.** Ahí vas a obtener mucha información adicional y experiencias propias sobre lo que veremos en este libro.

4. **Seguime en Instagram.** Vas a tener contenido diario que te ayudará a recordar conceptos claves que solemos olvidar.

5. **Crea grupos de estudio**. Recomendá este libro y formá un grupo de estudio para discutir los aprendizajes. Recordá: si querés ir rápido andá solo, si querés ir lejos, andá acompañado.

INTRODUCCIÓN

La única forma de convencer es la persuasión,
no la coacción.

Mao Tse Tung

¿Alguna vez te preguntaste por qué ciertas personas logran que las demás estén de acuerdo con ellas y no con otras?

Inclusive, ¿ya te diste cuenta de que en ciertas situaciones conseguiste fácilmente tomar una decisión y, otras veces, decisiones similares fueron mucho más difíciles?

La verdad es que esas personas y negocios que reciben muchos más "sí" que otras no lo obtienen únicamente con suerte o destino.

Esto ocurre porque hay diversas técnicas de persuasión que pueden ser aplicadas en la comunicación con el objetivo de facilitar el proceso de decisión.

Entre esas técnicas, que definitivamente hizo una diferencia increíble en mis cursos y su reconocimiento, están sin lugar a dudas los GATILLOS MENTALES.

Antes de explicarte qué son exactamente esos GATILLOS MENTALES y cómo te convertirás en un FRANCOTIRADOR con ellos, dejame contarte cómo funciona el cerebro humano y por qué eso es esencial en el proceso de toma de decisiones.

De las partes de nuestro cerebro, es importante que entiendas el funcionamiento de dos que son fundamentales, una es el neocórtex y la otra es el sistema límbico, que describiré en el correr de estas páginas.

El neocórtex es la parte que interpreta el lenguaje, los datos, la información, los beneficios y la lógica. Pese a que está muy desarrollado en los seres humanos, no es responsable de la mayor cantidad de nuestras decisiones.

¿No me crees…?

Si los datos y la lógica fueran responsables de nuestras decisiones, nadie ingeriría alimentos que no son saludables, ni consumiría una cantidad mayor de lo que debería. Porque no falta información para demostrar categóricamente que eso es perjudicial para la salud, ¿no?

Pese a eso, lo que no le falta al mundo son personas con problemas de obesidad y muchas otras complicaciones de salud ocasionadas por la mala alimentación y los hábitos no saludables.

Entonces, ¿qué nos lleva a tomar decisiones la mayoría de las veces?

Exacto, lo hace la parte de nuestro cerebro que te comenté anteriormente: el sistema límbico. Este es el mayor responsable de nuestras emociones y de nuestro instinto de supervivencia. Aquí se determinan la mayoría de nuestras decisiones, aunque inclusive no seas consciente de eso.

¿Por qué sucede? Ponete a pensar:

Todos los días decidimos qué ropa usaremos, cuál es el camino que tomaremos para ir al trabajo, qué vamos a almorzar o cenar, si iremos a un determinado lugar o no, entre tantas otras cosas comunes en nuestro día a día.

No es sin sentido que esas decisiones parecen automáticas.

Si nuestro cerebro tuviese que analizar toda esa información y datos lógicos para cada decisión, probablemente no decidiríamos nada y no saldríamos nunca del lugar. Por eso nuestro cerebro usa atajos ligados a la parte emocional para facilitar esa toma de decisiones.

Es en ese preciso momento cuando entran a la cancha los GATILLOS MENTALES. Son técnicas de persuasión, patrones basados en atajos que se conectan con el sistema límbico, activan una emoción y por eso facilitan el proceso de decisión de las personas.

Esto es importante para tu negocio porque toda venta es un proceso de decisión, pero creeme, esto también es fundamental para la vida en general.

Todo el tiempo dependemos de que otra persona esté de acuerdo con lo que nosotros estamos proponiendo, es decir, con nuestra oferta, ¿no?

Las personas están expuestas a una infinidad de información que, si tuviesen que analizarla a la hora de decidir si van a comprar alguna cosa o no, tendrían mucho trabajo y, consecuentemente, más chance de no comprar nada.

Entonces, si vos podés facilitarle la vida a tu prospecto (potencial cliente), ¿por qué no hacerlo?

Al comunicarte con la parte emocional del cerebro de tu interlocutor, los GATILLOS MENTALES van a causar dos cosas en él:

1. Te prestará más atención.

2. Aumentará las probabilidades de que tome acción.

Existen varios GATILLOS MENTALES, y en este libro te mostraré los que uso y que enseñé a mis clientes para que los utilicen en sus mensajes y discursos.

Si vos me escuchaste en algún workshop, seguramente notaste que hablé sobre algunos de estos GATILLOS MENTALES. Ahora, aparte de describirlos de forma más profunda, te explicaré todos.

Lo que te aconsejo es que tengas a mano este libro y lo uses como guía para consultar siempre que te toque comunicar una idea, dar un discurso, vender algún producto o servicio y ver qué GATILLOS MENTALES se adaptan a tu comunicación.

¿Por qué estar atento a esto es importante?

Porque cuantos más GATILLOS MENTALES uses de forma correcta, más chances de obtener resultados; esto es, más posibilidades de que tu prospecto te preste atención y más chance de que vaya a la acción. Traduciéndolo, que la otra persona compre tu producto, contrate tu servicio, te apruebe en una defensa de tesis o impresiones a tus jefes.

A lo largo de este libro me referiré algunas veces a mi experiencia personal para ejemplificar los GATILLOS MENTALES. No quiero que pienses que soy presumido, ya que en el ámbito de la persuasión usar ejemplos claros y precisos es fundamental. Ya estás avisado. Lo que voy a hacer es poner en el relato mi experiencia referida al lanzamiento de mi curso online, charlas y conferencias por el país y también de forma internacional.

Una aclaración importante…

No es necesario que en toda la comunicación de tu negocio uses los GATILLOS MENTALES. Pero, a lo largo del libro, notarás que muchos de ellos son consecuencias de otros. A veces, cuando uno aprieta un gatillo, termina activando otro también y si lo hacés correctamente, tendrás muchas chances de que la cosa se vuelva bastante interesante.

Sin extenderme mucho más, vamos a iniciar el camino para dominar herramientas de persuasión y convertirte en un FRANCOTIRADOR.

A un loco sin resultados se lo llama loco. A un loco con resultados se lo llama genio.

Franco Pisso

UN FRANCOTIRADOR
RECONOCE SUS ACTIVOS

Para triunfar, debes conocer lo que haces, debe gustarte lo que haces y debes creer en lo que haces.

Will Rogers

Si pensás que en este primer capítulo voy a hablar de retornos financieros, el tiro salió por la culata.

Normalmente los conocidos activos son bienes y derechos sobre algo, pero por más increíble que parezca, en este caso no vengo a hablarte de dinero, inmuebles, autos o negocios.

Nuestros mayores activos son las personas que nos incentivan, que nos motivan, que nos hacen querer ser mejores todos los días.

Una de las grandes responsables de mi actualidad y de todo lo bueno que se está dando en mi vida es mi madre. Hace dos años que no está conmigo y haciendo un poco de retrospectiva, ella nunca me enseñó sobre negocios, escritura, persuasión, sino que plantó algo mucho más positivo en mi mente.

Aun sin darse cuenta, mi madre me enseñó algo mucho más importante.

Desde que tengo memoria, siempre me dijo que soy una persona iluminada. Que soy una persona especial, que tengo una luz diferenciada y que yo vine a hacer algo significativo a esta vida. Desde que soy chico, me acuerdo, ella me decía que todo lo que yo me pusiese como objetivo, funcionaría.

Al principio, realmente me parecía extraño. Después de un tiempo empecé a creer en lo que ella decía y me sentía como un superhéroe. Eso me dio con el tiempo un poder absurdo de realización. El poder de resiliencia, el poder de aguantar las adversidades, de ser firme, de seguir independientemente de los obstáculos y adversidades que aparezcan en el camino.

Después de un buen tiempo trabajando con capacitaciones de oratoria, persuasión, ventas, entre otras cosas, entendí que la enseñanza que mi mamá me había dado se convirtió en una especie de filosofía de vida para mí que, a partir de haberla entendido, pretendo transmitirla a la mayor cantidad de personas posibles.

Muchas veces, tenés que creer en quien cree en vos para después de un tiempo empezar a creer en vos mismo por tus propios medios.

Hoy entiendo que mi madre sembró en mi cabeza la semilla fundamental para ser certero. Por eso, es la primera enseñanza que quiero dejarte: **debemos rodearnos de personas que crean en nosotros aun cuando nosotros mismos no creemos que podemos lograrlo.**

Esas personas son las que hacen que tengamos una mejor performance, un rendimiento óptimo y nos ayudan a hacer cosas que muchas veces nosotros mismos no creemos ser capaces de hacer.

¿Te das cuenta de lo grande que es este activo? La precisión y la fuerza que ganás cuando alguien te dice "creo en vos" es algo incalculable.

Inclusive más importantes son las personas que creen en tu éxito en los momentos en que todavía no tenés resultados. Es muy fácil que alguien te diga "yo siempre creí en vos", cuando ya disfrutás de los resultados, cuando las cosas están sucediendo. Pero aquellas personas que nos apoyan y creen en nosotros, incentivándonos cuando las cosas no salen como esperamos y cuando todavía no pudimos darle al blanco, esas sí son realmente especiales.

Rodeado de activos y confiando en que realmente acertarás en al blanco, nos meteremos de lleno en los Gatillos Mentales.

Quien no lucha por algo, se paraliza por cualquier cosa. Quien tiene una motivación fuerte, no renuncia por cualquier motivo.

Franco Pisso

HISTORIA

Pensar es el trabajo más difícil que hay, y probablemente esa es la razón por la cual tan pocos se comprometen a hacerlo.

Henry Ford

El primer gatillo mental del cual voy a hablar es muy poderoso y, tal vez, aun sin saber, lo conozcas hace mucho tiempo. Estoy hablando del gatillo mental de la historia.

Cuando somos chicos nuestros padres usan las historias para enseñarnos valores. Nosotros fuimos entrenados para aprender por medio de ellas.

Seguro, alguien llegó a casa con la cabeza baja porque estaba con algún problema y escuchó a su mamá decir: "Hijo, vení, sentate que te quiero contar una historia...".

Las historias son capaces de hacer que una persona preste atención en lo que estás diciendo, porque tienen lo que hoy en día se llama engagement, que significa crear conexión entre la persona que cuenta y la persona que escucha.

Si te pones a pensar, las personas que más influenciaron el mundo enseñaron siempre a través de historias.

Sin entrar en cuestiones de fondo con respecto a la religión, pero apenas para ejemplificar lo que te estoy contando, pensá en Jesús.

¿Cómo propagaba su mensaje?

Por medio de parábolas, que no son ni más ni menos que historias.

Las historias despiertan el interés y el deseo de aprender, debe ser por eso que desde el inicio de la civilización los seres humanos aprenden a enseñar por medio de historias.

En inglés existe un término para la capacidad de contar historias relevantes, que suelo explicar cuando doy oratoria avanzada, storytelling.

El storytelling sirve tanto para contar historias por medio de palabras, como para aquellos que deciden combinar las historias con los recursos audiovisuales.

En la introducción de libro, planteé que no necesariamente hay que utilizar todos los GATILLOS MENTALES en tu mensaje, pero la historia con seguridad es un gatillo no opcional.

Imaginate la siguiente situación: en vez de que simplemente digas que atrás de un determinado árbol hay un animal peligroso, podes contar la historia de un chico que desapareció y fue devorado por un animal que estaba cerca de aquel árbol.

El entendimiento es mucho más fuerte, dado que creas imágenes excesivamente más vivas dentro de la mente del receptor.

Cuando una persona cuenta una historia, tendemos a parar todo lo que estamos haciendo y prestar atención, quedándonos enganchados con el relato.

Por medio de una historia podrás crear una conexión con tu prospecto, porque el ser humano establece lazos interpersonales por medio del acto de contar historias.

Cuando preparés tu historia tenés que identificar los elementos imprescindibles:

• ¿Quién es el personaje?

• ¿Cuáles son las características relevantes de la historia?

• ¿Cuál es la trayectoria?

• ¿Qué cambió en la vida del personaje después de esa trayectoria?

Hay varios tipos de personajes. Uno de ellos es aquel que enfrenta obstáculos y al final logra el resultado.

Otro tipo de personaje es el que perdió todo, pasa por un período en que se recupera, y después triunfa.

El autor e investigador estadounidense Joseph Campbell estudió extensivamente el poder de los mitos y de las historias.

En uno de sus libros, hace énfasis en cierto patrón de contar historias que, generalmente, crea más conexión con quien la está escuchando, básicamente, con quien es presentado en la historia.

Llamó a este patrón "la jornada del héroe". Ese patrón es muy usado, tanto en películas como en procesos de ventas. Dos buenos ejemplos son Capitán América, de Marvel, y también Harry Potter.

El héroe sale del mundo común y corriente. Él recusa el llamado de la aventura, pero es succionado para vivir esa vida, aun no queriendo. Pasa por obstáculos, dificultades, hasta que encuentra un mentor que lo coloca en rumbo. Hace un camino hasta conquistar los objetivos provocando una transformación en su personaje y deviene héroe.

Si lo analizamos, la historia de Harry Potter es un ejemplo muy poderoso, ¿sabés por qué? Porque Harry es un chico mago que no es ni el más poderoso, ni el más inteligente, ni el más rápido. Es un brujo normal, pero, aun así, logra vencer todos los desafíos y salir airoso. Eso hace que la mayoría nos sintamos identificados con él, dado que es una persona común, como vos, como yo.

Las personas se sienten muy identificadas cuando ven a alguien *normal* teniendo resultados extraordinarios dado que piensan: "Eso también me puede pasar a mí".

La identificación con el personaje de tu historia y su trayectoria son los elementos capaces de crear una conexión con el público. Por eso hay que analizar muy bien cuál es la mejor forma de contársela a tu audiencia.

No es necesario que lo hagas ahora, pero te dejo una guía básica para crear tu historia que utilizo con los alumnos de oratoria avanzada.

Empezá por el origen de tu idea, lo que te inspiró a hacer lo que hacés, qué vivencia te permitió dar ese paso para estar donde estás ahora. Seguramente encontrarás una explicación del porqué hacés lo que hacés hoy en día.

La motivación primaria es activada por una serie de vivencias, sueños, anhelos, dificultades, aprendizajes, frustraciones y alegrías. Trabajar tu historia supone utilizar tu creatividad, pero realmente es un esfuerzo que vale muchísimo la pena.

Eso sí, no pienses que tu historia no tiene nada interesante, es muy común, es poco memorable, no tiene nada atractivo. El valor de la historia viene dado por tu capacidad de conectar los problemas con las vivencias comunes. Eso hace de tu historia algo realmente memorable.

Te dejo tres modelos de historias que podés utilizar para inspirarte:

La historia del gran descubrimiento: Estabas buscando una gran solución. Podes contar lo difícil de toda esa trayectoria. Este modelo suele ser utilizado por productos para adelgazar, para ganar dinero, entre otros. En esta historia contás lo difícil que fue, y como descubriste por accidente o de manera inesperada la solución. Algo clásico suele ser "buscando en la biblioteca del abuelo, encontré un libro que tenía la solución".

La historia de la búsqueda imposible: Luego de haber buscado por todos lados la solución nunca encontraste algo que realmente te conformara. Todas las alternativas tienen defectos y ninguna es lo suficientemente buena. Al no encontrar la solución, creaste la alternativa ideal. Creaste un producto o servicio que tiene todo lo que siempre quisiste y te hubiese encantado tener al comienzo de tu búsqueda.

La historia de las pocas expectativas: Yo era tan malo para todo y aun así lo logré. Mira todas las dificultades que pasé, los obstáculos que superé. Aun con todas las predicciones en mi contra, lo logré. Si yo pude, vos podés.

Un esquema básico para poner manos en la masa con tu propia historia es el siguiente:

Tema: ¿De qué se tratará la historia? Probablemente sea el título que termines utilizando.

¿Qué es lo que pasa o pasará? ¿Cuáles son las relaciones causales?

Trama: Sirve para ordenar los acontecimientos de tu tema. La trama puede ser lineal, pero para eso precisas construir un guion.

Sentido: ¿Cuál es la enseñanza de tu historia? En otras palabras, ¿qué aporta? Una historia sin sentido no tiene razón de ser. Esto es algo absolutamente fundamental.

Si no se te ocurre ninguna forma de hacer tu historia:

• Hacé lluvia de ideas con tu grupo de trabajo o buscá opiniones de personas que te conozcan, preguntá a tu alrededor.

• Consultale a tus amigos, familiares y que cada uno te facilite propuestas y diversas perspectivas.

• Pensá en tu historia como si fueses un héroe, pero consciente de que no siempre lo fuiste.

En algunas oportunidades en vez de contar tu historia, deberás contar la historia de tu marca (storybrand).

CONSEJO DE FRANCOTIRADOR
EXPERTO: Contá la verdad y nada más que la verdad.

Para construir un negocio, hay que tener integridad. Por ese motivo, tu historia tiene que ser real y tu héroe, a diferencia de las películas que te nombré hace algunas páginas, no debe ser inventado.

Eventualmente sucede que tu historia no le sirve al negocio o puede ser que vos no seas el héroe de la historia.

Entonces, ¿cómo contar una historia real y verídica?

Lo que más sirve en estos casos es narrar una historia en el que el héroe sea un discípulo tuyo.

Por ejemplo: Ross, creador del Energize for Life, es un señor que vende una dieta. Nunca fue gordo, siempre fue una persona saludable. En su guion no dice "yo era gordo, descubrí una dieta bla, bla… y adelgacé". Él cuenta la historia de otra persona, de alguien que no era saludable y que, gracias a su producto, adelgazó y mejoró su salud.

Ser un FRANCOTIRADOR conlleva no solamente ser bueno pensando historias para productos sino también ser íntegro para transmitirla.

Una historia tiene un sentido universal, puede ser entendida por todos. Es una lengua franca.

Anónimo

EVENTO

*Cada evento es único e irrepetible. Aprovéchalo
para crear experiencias inolvidables.*

Walt Disney

Hagamos este razonamiento juntos: ¿por qué
ir a un espectáculo de tu banda preferida en lugar
de escuchar su música en casa o ver sus videos en
YouTube?

Cuando participás en un evento, la energía es
diferente, ¿no? Estás cerca y conectás con personas
que le gusta exactamente lo mismo que a vos, y
además de eso, es una experiencia que trasciende lo
común del día a día.

Cuando las personas participan de un evento son
parte de algo mayor que ellas mismas y la principal

característica de un evento es justamente esa que mencioné: la conexión.

En la comunicación, la conexión con las personas es fundamental.

Nada es mejor que un evento para conocer personas, conectarse con ellas y crear una oportunidad para hacer relaciones o, quién sabe, también generar alianzas o sociedades.

Hoy en día, las personas decimos que no tenemos tiempo para nada y muchas veces sentimos que estamos desconectadas unas de otras. Eso es verdad, pero en parte.

Actualmente solemos estar conectados por medio de internet, por aplicaciones de mensajes, redes sociales, pero tendemos a relacionarnos cada vez menos en vivo y en directo.

Por lo tanto, cada evento en vivo es algo fuera de lo común, diferente y eso hace que sea completamente interesante.

Luego, si usás un evento en tu estrategia de comunicación y marketing, aparte de tener un diferencial, tu negocio se convierte en algo más atractivo.

La participación en un evento junto con otras personas es parte fundamental de un ritual, y los rituales están entre algunas de las experiencias más poderosas en la que cualquier humano puede participar.

Entonces, si vos en tu negocio usás el gatillo mental del evento, llevás a tus prospectos o a tus clientes a participar de algo que les proporcionará una energía inigualable y una oportunidad de crear conexiones con personas que comparten el mismo interés incomparable.

El evento no necesariamente tiene que ser en vivo para generar esa conexión. El hecho de que vos crees un ambiente, aunque sea virtual, donde las personas se encuentren e intercambien ideas con otras que tengan los mismos intereses también es muy potente.

Yo, por ejemplo, transformé la campaña de marketing de mi curso "Oratoria para Inconformistas" en un workshop práctico de inicio a fin 100% online.

Otra acción que realizo es un evento que sucede dos veces por año, reúno y conecto personas que tienen los mismos intereses en comunicación y ventas.

Independientemente de cual sea el nicho de tu negocio, te recomiendo usar el gatillo mental del evento presencial o virtual.

Un buen FRANCOTIRADOR crea eventos para lograr que sus prospectos y clientes se encuentren e intercambien experiencias y así generar conexiones tanto entre ellos, como con él. Esa energía será tan buena que se sentirán como si estuviesen en un espectáculo de una banda que realmente les gusta mucho.

COMUNIDAD

*Puesto que yo soy imperfecto y necesito
la tolerancia y la bondad de los demás,
también he de tolerar los defectos del mundo
hasta que pueda encontrar el secreto que me
permita ponerles remedio.*

Gandhi

Ya que estamos hablando de reunión de personas
que le gusta un mismo asunto, vamos a introducir el
gatillo mental de la comunidad.

Vos y yo estamos acostumbrados a actuar de la
forma que creemos que nuestra comunidad actúa.

Para visualizar esto, deberás pensar en las cinco
personas más próximas a vos.

¿Las tenés? Quiero que respondas con sinceridad: ¿Cómo se cortan el pelo? ¿Cómo se visten? ¿Cuánto ganan aproximadamente? ¿Qué música les gusta escuchar?

Es muy posible que sean similares a las tuyas, ¿cierto?

Cuando vos observás otras culturas, observás que algunas personas tienden a tener comportamientos similares, cortes de cabello, vestimentas parecidas, en fin. Comparten las costumbres.

Pero ¿qué tiene que ver una comunidad y la tendencia a actuar con tu prospecto y tu negocio?

Bueno, las personas no buscan actuar únicamente conforme a la comunidad donde viven. Las personas buscan a sus semejantes y quieren estar en sus comunidades, inclusive en internet.

Aun en el medio virtual, las personas tienden a reunirse con aquellas que tienen los mismos intereses.

Por ejemplo, las personas que se inscriben para hacer el workshop de Oratoria para Inconformistas están interesadas en la comunicación, oratoria y ventas. Ellas son parte de la comunidad que tiene ese interés.

En tu negocio, sea del rubro que fuere, las personas que están atentas son las interesadas en el asunto que vos tratás y en el área de comentarios esa comunidad interactúa.

Esa interacción alrededor del interés en común genera que las personas se sientan parte de esa comunidad.

Cuando hacés un negocio, debés asegurarte que las personas tengan espacio para conversar sobre los intereses que comparten, para que vean que esa comunidad existe y que son partes de ella.

El área de comentarios es solamente uno de los ejemplos en que una comunidad interactúa inclusive de forma online.

En tu negocio, vos podés, por ejemplo, usar grupos cerrados de Facebook, de WhatsApp, áreas de comentarios en YouTube o un blog para que esas personas interesadas en el tema se encuentren y comuniquen.

Tenemos la necesidad inherente de ser parte de una comunidad social y sentirnos conectados unos con otros. Este gatillo no solamente nos hace sentir más seguros y cómodos, sino que también nos inspira a pasar a la acción para alcanzar determinados resultados.

Un ejemplo práctico de esto es Apple, frecuentemente el motivo básico, muchas veces inconsciente, de comprar un producto de esa marca es la posibilidad de pertenecer a una comunidad exclusiva.

Para activar este gatillo, tu producto debe ayudar a las personas a pertenecer a un grupo.

Es necesario que promuevas acciones y hagas con que las personas interactúen entre ellas, cambien ideas, debatan al respecto de lo que ven, hablan, sienten y escuchan, eso hará que tus ventas aumenten de manera exponencial.

Hoy en día todos los productos y/o servicios pueden ser vendidos, siempre y cuando, tengamos presente que debe haber comunidad.

INTERACCIÓN
Y CONVERSACIÓN

Sin participación, no hay compromiso. Márcalo, ponle un asterisco, enciérralo en un círculo, subráyalo. Sin participación, sin compromiso.

Stephen Covcy

Como te dije al inicio, existen GATILLOS MENTALES que llevan a otros. Dado que acabamos de hablar de la comunidad, explicaré ahora la interacción y la conversación, que se relacionan entre sí y con el gatillo anterior.

En tu negocio, no debes garantizar solamente un espacio para que las personas conversen e interactúen entre ellas: debes involucrarte personalmente.

Acordate: los monólogos son aburridos. Los diálogos son interesantes.

Además, para conquistar muchos "sí", es necesario que reserves tiempo para ir a donde está la comunidad, responder algunos cuestionamientos y también ser parte de ellos.

Como regla general, a las personas les gusta más hablar que escuchar. Si lo único que haces es hablar y ellos no tienen la posibilidad de responderte e interactuar, te aseguro que tu comunicación no será tan eficiente, y es probable que no conecten verídicamente con vos.

¿Cómo interactuar?

Existen diversas maneras, podés responder comentarios en el área destinada, por email, por video, como prefieras, pero no dejés de interactuar con las personas que son parte de tu ecosistema.

Y eso vale no solo cuando inicias el negocio, es algo que debe ser parte de tu calendario diario.

La interacción y esa conversación harán que las personas perciban que son escuchadas, aparte de que tienen la oportunidad de evacuar sus dudas.

Cuando empecé a dar clases online y mis publicidades empezaron a aparecer por las redes sociales, debía lidiar con objeciones que hoy, definitivamente, no están en mi radar de preocupaciones.

El hecho es que aparecían muchos haters (personas que critican). Lo que más se reiteraba era: "Yo ya sé hablar en público, no necesito que alguien me venga a enseñar cómo se hace". En general, eran comentarios en mi perfil de las redes sociales. Al comienzo, cuando mi caudal de alumnos era relativamente bajo, lidiaba con muchas críticas sin fundamento, o con creencias subjetivas. Hoy en día, cuando aparece alguien haciendo alguna crítica, mis exalumnos son los que defienden mis clases. Claro está que ese proceso de crítica nunca desaparece. Siempre hay alguien que no estará de acuerdo con tu trabajo, es normal. Pero hoy en día me doy cuenta de que tengo muchos más alumnos que avalan y apoyan mi trabajo, que personas que lo critiquen.

Hay muchos famosos que bloquean la opción para interactuar en sus videos o fotos, eso es un error. Toda esa interacción y conversación genera que mis alumnos se conviertan en defensores y promocionen mi trabajo, en vulgar: que se pongan la camiseta.

Los *haters* son necesarios para que se produzca esa interacción y para que se cree esa comunidad que hablamos anteriormente.

Todo FRANCOTIRADOR sabe recibir disparos, solo que se acomoda para recibirlos en el chaleco antibala.

PRUEBA SOCIAL

Un perro le ladra a algo, y cien le ladran al que ladra.

Proverbio chino

Otro gatillo mental que se vincula con el hecho de que las personas se relacionen conforme al comportamiento de otras es el gatillo mental de la prueba social.

Para darte una idea de lo que es la prueba social, imaginate que estás viajando y nadie te dio referencias o sugerencias de algún lugar para comer.

Estás pasando por una calle y ves dos restoranes, el restorán A está lleno, hay cola para esperar, el restorán B está vacío.

Dado que no conocés ninguno de los dos, ¿a cuál de las opciones irías a comer?

Imagino que en el que está lleno. Eso sucede porque tendemos a comportarnos basándonos en el comportamiento de otros.

Si hay mucha gente queriendo comer en un determinado lugar, nosotros nos imaginamos que el realmente bueno es ese, ¿cierto?

La prueba social proviene de la teoría de la evolución de Darwin, esto se conoce en el ámbito de la comunicación como el famoso "efecto manada".

Pensá en una manada de búfalos y que uno de ellos decide correr por algún motivo que los demás desconocen. Es muy probable que todos tiendan a correr.

Imaginate si ellos tuviesen que prestar atención a toda la información que se presenta para después resolver: salir o no corriendo.

Si fuese una amenaza, un depredador, muchos morirían por "pensar demasiado" y demorarse en tomar la decisión.

El mismo instinto de supervivencia toma decisiones basadas en emociones al observar el comportamiento de otros miembros del grupo.

Lo mismo sucede con los seres humanos. Si nosotros vemos que otras personas quieren realmente "algo" en particular, tendemos a creer que ese "algo" es bueno, y vamos a intentar hacer lo mismo.

En tu negocio tenés que hacer que las personas sientan que no están solas. Ahora, ¿cómo hacés eso de manera online? Pensá, no existe forma de que haya cola en tu negocio para "comer", como en el ejemplo del restorán.

El número de seguidores, la cantidad de visualizaciones y los me gusta son ejemplos de prueba social. La interacción a través de los comentarios también es otra variable.

Si vos tenés, digamos, diez mil visualizaciones en un video, las personas tienden a creer que estás diciendo algo interesante. La prueba social representa en la cabeza de tu prospecto que vos estás aprobado por otras personas.

Entonces, la cantidad de visualizaciones, comentarios, me gusta o inscriptos en tu red social pueden realmente atraer a otras personas por el gatillo mental de la prueba social.

Te doy un ejemplo donde gracias a este gatillo mental logramos cambiar una actividad repetitiva.

Hago consultoría hace muchos años y uno de mis mayores clientes es una franquicia de hoteles presentes tanto en Argentina como en otros cuatro países de América Latina. En una de las reuniones con los directores de la empresa me manifiestan la voluntad de empezar a ser *eco friendly*. Este modelo de negocio está muy bien visto a nivel mundial y cuando los directivos me hicieron dicha petición no existía la concientización de la problemática ambiental que hay hoy en día.

Frente a dicha solicitud, la modificación de la comunicación era trascendente. Es muy difícil encarar un proceso de sustentabilidad hotelera sin hacer parte a los clientes de ese cambio. Uno de los lineamientos era intentar que los huéspedes reutilicen las toallas para no tener que lavarlas diariamente como suele suceder en la gran mayoría de los hoteles a nivel mundial.

En las habitaciones estaba colocado un cartel que probablemente hayas visto alguna vez haciendo referencia a la concientización de la reutilización de las toallas por el medio ambiente. "Reutilice las toallas, el medio ambiente se lo agradece".

Existía una gran falta de efectividad respecto de dicho cartel, y por ese motivo decidimos adaptar el mensaje e incorporar el gatillo mental de la prueba social. El mensaje mutó a: "23.430 huéspedes colaboraron con el medio ambiente y reutilizaron las toallas, ¡usted también puede hacerlo!".

Los resultados cambiaron drásticamente. En este ejemplo se ve como en este caso el gatillo de la prueba social se impone con relación a la efectividad frente al argumento del cuidado del medioambiente.

La simplicidad del problema resuelto muestra cómo los gatillos mentales pueden ser utilizados en todos los ámbitos de la vida.

Recordá siempre, el ser humano tiene la necesidad de pertenecer a un grupo. Cuantas más personas optan por una determinada opción, más influenciados estamos a tomar la misma actitud.

¿Cómo aplicar este gatillo mental? Acá te dejo algunos:

1. Usa números de satisfacción

2. Cantidad de unidades vendidas

3. Grupos de personas usando tu producto

4. Engagement en las redes sociales

5. Cantidad de lectores de tu sitio web

La validación social está por todos lados, cuando algo extraño pasa en un vuelo, la mayoría observa a los auxiliares de vuelo para ver si tendrían que entrar en pánico. Si hay un ruido extraño, miramos su reacción, si están calmados, seguramente nosotros también lo vayamos a estar.

Imagínate esta situación, estás en un vuelo que atraviesa uno de esos famosos y tan odiados pozos de aire y luego se siente un ruido. Mirás a las azafatas, ellas están pálidas y empiezan a correr hacia sus asientos a ponerse el cinturón. ¿Qué pasaría por tu cabeza? Es muy probable que nada bueno. El comportamiento de las azafatas causó "prueba social".

Nosotros, al ser seres sociales, necesitamos e intentamos cotidianamente descubrir qué hacen los otros para validar nuestra manera de actuar frente a las cosas.

De chicos, cuantas veces dijimos: "Pero fulanito lo hizo primero...". Vemos un comportamiento como si fuese más correcto cuando los otros también lo hacen.

Durante la pandemia del Covid-19 aumentó la cantidad de personas que compran por internet luego de ser televisada la estadística que el comercio electrónico había alcanzado su pico histórico en América Latina. ¿Qué significa eso? Otros lo hacen, ¿por qué yo no?

En general, siempre que la mayoría de las personas esté de acuerdo con lo que estamos haciendo o vamos a hacer, sentimos validación social. Estadísticas muestran que solo 7% de la población se involucra en un comportamiento contrario a la norma social.

Lo más loco de este gatillo es que cuanta más prueba social tenés, más prueba social generás.

Pasa lo mismo cuando ingresás al gimnasio y empezás a fortalecer los músculos. Cuanto más fuerte sos, más peso lográs levantar y más fuerte vas a terminar siendo.

No sé si alguna vez viste esos infomerciales del "Llame ya" que suelen aparecer en la televisión en la madrugada, todos los que alguna vez sufrieron de insomnio saben a lo que me refiero.

El tema es el siguiente, la guionista Colleer Szot, que escribía esas publicidades, tuvo una idea. Esa idea hizo que aumenten 200% sus ventas.

¿Cuál fue?

Al final del comercial, hacían una llamada a la acción, esto es, decían al televidente que llame ahora.

La primera versión del guion era la siguiente: "Los operadores están esperando tu llamado, por favor, llama ahora".

¿Qué escena te imaginas con esa frase? Yo particularmente me imagino un señor jugando al solitario en una computadora muy antigua, con lentes, mientras toma café negro para mantenerse despierto y una señora pintándose las uñas con los ruleros puestos y hablando con sus amigas por video- llamada esperando que suene el teléfono para justificar su sueldo.

Colleer decidió cambiar el guion a: "Si los operadores están ocupados, por favor, llame nuevamente".

En esta segunda versión, me imagino los teléfonos sonando sin parar y un montón de personas corriendo y gritando para vender los productos.

Este gatillo es así de loco. El hecho es que con esa modificación se prendió en la cabeza del televidente el gatillo mental de la prueba social. Todos lo quieren, debe ser bueno. Por eso deben estar tan ocupados.

Como te dije anteriormente, todos caemos en este gatillo con mucha mayor frecuencia de la que nos gustaría. Mirá lo que me pasó a mí el año pasado:

Anualmente en Rosario hay un encuentro que se llaman Las Colectividades. Personas de las colectividades de diferentes países se encuentran durante un fin de semana para dar a conocer su cultura y sirven platos típicos de sus regiones.

Como no podés probar todas las comidas (dado que normalmente son 50 asociaciones diferentes), mi idea era ir directamente a la cultura armenia porque un grupo de amigos me la había recomendado.

Resulta que mi plan era bastante popular porque había no menos de 80 personas en la cola. Mis amigos y yo teníamos mucha hambre y mirando hacia el puesto donde despachaban la comida vi que uno de los que atendía era compañero mío de tenis.

No dudé. Me acerqué y le dije: "Hola, *Agus*, ¿cómo estás?". Seguramente mi cara de hambre se habrá notado y me atendió a cambio de una historia en Instagram. Tenía realmente mucha hambre. Comimos un *pasha bereg* y cuando terminé el último bocado miré al mi alrededor, los otros locales no tenían ninguna demora.

¿Por qué me colé en una fila con riesgo a comerme algún insulto? Porque consideré que era la mejor opción que tenía.

¿Sabía si era la mejor? No. Simplemente confié en la opinión de las 80 personas que hacían la fila, que era acorde a la opinión que mis amigos me habían manifestado previamente.

Una pregunta que me hacen frecuentemente en mis clases es: ¿Existe demasiada prueba social?

Es una pregunta válida. En el momento que estoy escribiendo este libro tengo 15 mil seguidores en Instagram. No sé si eso mucho o poco, el hecho real es que empecé de cero. Creo firmemente que llega un momento en que 10 mil o 15 mil es más o menos lo mismo, en la edad sucede lo mismo, tener 30 o 35, no hay tanta diferencia. Pero de 49 al 50 sí hay.

Según mi postura, no te apegues demasiado a los números, solamente al gatillo. Siempre hay que construir prueba social. Tenés que pensar: ¿Generé y exploté al máximo este gatillo?

Las chances que tenés de lograr resultados después de conocer este gatillo mental acaban de subir considerablemente, pero si querés que sigan subiendo, no te podés perder el gatillo que sigue, la asociación directa y contigua al gatillo de la prueba social: la prueba.

PRUEBA

*No hay mejor prueba del progreso de la
civilización que el progreso del poder
de cooperación.*

Stuart Mill

¿De qué se trata el gatillo mental de la prueba?
Prueba básicamente es demostrar que algo funciona,
y hay varios medios para hacer esa comprobación.

Un número elevado de campañas publicitarias
fracasan por no presentar muestras de los resultados.

En el curso Oratoria para Inconformistas,
tenemos más de 100 estudios de casos de personas
que alcanzaron resultados extraordinarios en sus
nuevas performances usando el Método Flow, que
es el que utilizo.

Cuando las personas ven a otras afirmando, dando testimonio de que tu producto o servicio de hecho funciona, que produce una transformación, ellas pasan a creer completamente en tu propuesta

Eso sucede porque ellas tienen una comprobación: información que viene de otras personas que no son vos.

Si visitaste alguna vez mi web o Instagram, probablemente hayas escuchado testimonios –estudios de caso– de personas que consiguieron resultados con mis cursos, que son pruebas de que realmente funcionan.

Pero los testimonios no son la única forma de probar. Datos estadísticos, comentarios y observaciones que tu producto o servicio funciona también son ejemplos de prueba.

Cuanto más consigas asociar ese tipo de pruebas a tu negocio, más son las chances que alguien te dé un voto de confianza.

Yo diría que hay tres niveles de pruebas:

1. Demostración que podés hacer lo que estás diciendo.

2. Probar que otras personas, aparte de vos, hicieron lo que estás diciendo.

3. Evidenciar que le enseñás a otras personas a hacer lo que vos estás haciendo.

Entonces, por ejemplo, yo pude probarles a las personas que no tengo miedo de hablar en público (prueba número 1).

Después, probé por medio de Estudios de Caso –testimonios– que otras personas tuvieron realmente un cambio en su vida luego de asistir a mis cursos, es decir que los resultados obtenidos no fueron pura suerte, mi metodología funciona para otras personas (nivel de prueba número 2).

Y esas personas que tuvieron éxito con su desempeño en público lo hicieron gracias a mis clases. Con eso también demostré que enseñó a las personas a hablar mejor y hacer lo que yo hice (nivel de prueba número 3).

Debes demostrar esos tres niveles de prueba cuando lances tu negocio al mercado.

Y, además, ¿por qué cuando yo describí el gatillo mental de la prueba social agregué que había un gatillo mental que cuando está asociado a este puede ser aún más poderoso?

Me refería al gatillo mental de la prueba. Cuando varias personas están usando determinado producto o servicio –prueba social– es un indicio de calidad.

Entonces, cuando se asocia a la prueba, esto es, cuando las personas afirman que tu servicio o producto es bueno, la prueba social es reafirmada. La asociación de la prueba social y la prueba es muy importante en tu negocio.

Al hablar del gatillo mental de la prueba, no puedo dejar de citar la importancia de la integridad.

Prueba por significado es lo que demuestra una afirmación, un hecho que es real. Es una evidencia, una comprobación.

Todas las pruebas que usés en tu negocio deben ser reales y verdaderas.

Otra de las opciones válidas para que el prospecto compruebe los resultados sin la necesidad de que otro cliente se lo comunique es hacer una "degustación".

¿Cuántas veces te frenaron en el supermercado para que probarás alguna bebida o comida nueva? Están apretando el gatillo de una manera diferente ya que no pueden traer a todos los consumidores del producto para que te cuenten que lo utilizan y les gustan, sino que te lo dan para que vos mismo hagas esa deducción.

Un ejemplo personal: cuando abro las inscripciones para mi curso online, doy una garantía que, si en siete días no estás conforme con el curso, te devuelvo íntegramente el dinero. No solamente ofrezco la prueba de mis exalumnos, sino que estoy tan seguro de que el curso te va a gustar y sobre todo servir, que te doy garantía directa durante siete días.

¿Qué es eso? Prueba.

Una de las preguntas válidas que pueden surgirte en este momento es ¿cómo colecto declaraciones espontáneas de mis clientes?

Hay una manera que considero la mejor a la hora de colectar pruebas, que es pedir feedback a un grupo (y por supuesto filmar ese momento).

Existen tres maneras principales para colectar pruebas:

1. Mail Marketing: envías un mail a todos tus clientes: "¡Hola gente! Voy a lanzar a la venta el curso de oratoria y persuasión y necesito que me ayuden. Si en algún momento de tu última semana recordaste algo de lo que pusimos en práctica en el curso y usaste alguno de los gatillos mentales que aprendiste conmigo, llená el siguiente formulario", por ejemplo.

¿Cuál es la tendencia?

Las personas tienden a completarme este tipo de formularios y a agradecer por tenerla en cuenta para hacerlo. Yo te aconsejo este tipo de mensajes grupales porque cuando la petición viene en el 1 a 1, la persona suele sentir una tremenda presión social por ser un pedido directo, y el testimonio no resulta muy natural.

Mientras que una pregunta o petición enviada a todos mis exalumnos, las pruebas son mucho más honestas y menos artificiales. En definitiva, mejores.

2. Concurso: la primera vez que escuché hablar de este tipo de prueba fue con la emprendedora Susan Garrett. Ella hace un concurso de declaraciones, el mensaje es más o menos el siguiente:

"Hola, me gustaría bonificar a las personas que tuvieron resultados con mi curso y estoy haciendo un concurso de testimonios.

Regla N°1: Tenés que subir un testimonio en video

Regla N°2: Tiene que ser brutalmente honesto

Regla N°3: Las mejores declaraciones se llevarán un premio".

La mayoría de las veces el premio es una charla personalizada con ella, cosa que sus clientes están muy interesadas.

3. Mensajes que llegan por las redes sociales (especialmente por Instagram): Me gusta mucho esta manera porque es realmente espontánea. Nunca los pido, pero llegan a montones y son siempre muy veraces y emotivas.

¿Cuál es el próximo paso después de captar las declaraciones?

Luego de tener las pruebas, es necesario que se las muestres a tus potenciales clientes.

Podes hacer un material audiovisual para pasarlo en algún canal de televisión local, subirlo a tus redes sociales, agregarlo a tu página web, incorporarlo a tu folletería. Dejá que vuele tu creatividad y para eso sirve mucho que seas atento, fíjate en las empresas y emprendedores que tenés como referencia. ¿Qué hacen? ¿Cómo lo hacen?

Reitero, los testimonios que recolectes deben ser de clientes genuinos, con resultados reales, porque si querés mantener tu negocio en el mercado, ser íntegro no es una opción, es una obligación.

ESCASEZ

*Sin un sentido de urgencia,
el deseo pierde su valor.*

Jim Rohn

Si hay algo que me divierte año tras año es cuando sale el nuevo IPhone a la venta. Largas colas, campamentos armados donde personas literalmente se vuelven histéricas para conseguir el nuevo teléfono de la manzanita mordida. Escuché infinidades de historias donde hubo violencia física en la cola de esos locales en Estados Unidos.

¿Sabés que es esto?

La escasez entrando al campo de juego. Cuando personas sienten que hay un número limitado de productos para un supuesto mercado ilimitado, se vuelven completamente locas y en cierto punto, se observa un lado turbio de la humanidad que no solemos ver por la calle todos los días.

Este gatillo mental dice lo siguiente: cuanto más escaso sea el artículo, más incrementa su valor y mayor es el impulso de poseerlo. La escasez impulsa a actuar, ir a la acción rápidamente por miedo a perdernos la oportunidad.

Este gatillo mental no solo actúa sobre productos físicos también con abstractos: tiempo, información, precio y conocimiento.

Ahora un ejemplo de la potencia que tiene este gatillo. El dueño de una exitosa compañía exportadora de leche decidió realizar un estudio entre sus empleados. Los miembros del personal debían llamar a los clientes de la compañía y pedirles que concretaran su compra y para incitar usaron tres estrategias.

Al grupo A se les dio la presentación convencional. Al grupo B se les hizo la misma presentación, pero se puso en evidencia que la leche iba a escasear dado que había un problema de logística a resolver, y al grupo C se le informó acerca de la escasez y que dicha información no estaría disponible a otros clientes, que la información era exclusiva para ellos.

¿Te imaginás que sucedió? Se creó la demanda. Esto fue así al punto tal que superaron ampliamente la disponibilidad de leche que tenían y la empresa tuvo que arreglársela para cumplir con los pedidos.

Odiamos perder la posibilidad. Cuando me recibí de abogado, un fotógrafo contratado por la universidad sacó fotos con los diplomas a cada uno de los egresados. Recuerdo que era un señor canoso muy amable que se acercó a mí cuando me estaba yendo y me dijo: "Felicitaciones, le quiero recordar que hasta mañana podrá realizar el pedido de las fotos, luego serán eliminadas de la cámara por una cuestión de capacidad". ¿Adivinen cuál fue mi reacción? Obviamente le compré las fotos al instante. ¿Cómo me iba a perder esa posibilidad?

La escasez es uno de los GATILLOS MENTALES que suelo mencionar en los workshops de Oratoria para Inconformistas e inclusive en algunos de los cursos de Ventas y Persuasión.

En un negocio el hecho de que tu oferta esté disponible por un corto plazo de tiempo hace que tu prospecto desee aún más lo que estás ofreciendo.

Mira el siguiente ejemplo de un profesor de violín:

"Vamos a abrir solamente una comisión de violín para el máximo de cinco personas, y las inscripciones terminan en dos días. Esto lo planteamos de la siguiente manera dado que el profesor se está jubilando y quiere dar la mejor clase en su vida por ser la última. Seguramente abramos otras comisiones en el futuro, pero con este profesor que tocó en las mayores orquestas del mundo y es reconocido como uno de los mejores violinistas de la actualidad, será la última. Si querés aprender a tocar violín, sea por un hobby o para tocar profesionalmente, aprovecha esta única chance. Inscribite ahora".

Aunque no tengas ningún tipo de interés de tocar el violín, puede ser que te haya parecido inclusive una oferta interesante. Esto sucede porque la escasez activa el sentimiento de pérdida. Además de esto, vienen aparejadas muchas otras cosas que el ser humano cree que no piensa, pero sí lo hace. Pensá en que, si vas a esa clase, podrás decir que fuiste el último alumno de ese profesor, que nadie más tendrá lo que vos tenés (con el supuesto de que el profesor se jubiló). Este gatillo activa la sensación de perder el "poder".

Lo que me gusta de este gatillo mental es que sirve para todos los ámbitos de la vida.

Una de las principales características del ser humano es desear cosas que son limitadas.

Yo no estoy hablando solamente de cosas extravagantes como oro o diamantes. Estoy hablando de algo mucho más cercano a nuestro día a día, por ejemplo, ediciones limitadas de cualquier cosa que se te ocurra.

¿Has pensado por qué las ediciones limitadas de los productos que probablemente te guste consumir generan mucho más deseo que los productos convencionales que siempre están disponibles?

La escasez es uno de los casos en los que un gatillo lleva a otro.

¿Recordás del gatillo mental del evento? ¡Bueno! Cuando vos adaptás tu negocio para hacer un evento, esto es algo que tiene comienzo, medio y fin, se activa también el gatillo mental de la escasez, porque las personas solamente tendrán ese momento para participar de esa oportunidad.

La escasez es capaz de hacer que el producto sea percibido con un valor superior de lo que el producto tiene originalmente.

Esto me recuerda un caso que leí al respecto. Una marca de celulares lanzó una edición limitada de un aparato, y el tema era Iron Man.

Solamente fue vendido en Corea del Sur y China y la cantidad de unidades disponibles no fue suficiente para los pedidos que recibieron. El aparato tenía un costo aproximado de U$450.

Cuando las unidades se agotaron fueron realizadas distintas subastas en las que los seguidores del producto competían para intentar conseguir un aparato. En una ciudad al sur de China un celular fue vendido por U$38.250, esto es casi 85 veces más que su valor original.

Con estas historias, podés dimensionar la fuerza del gatillo mental de la escasez.

Cuando algo está siempre disponible la tendencia de tu prospecto es dejarlo para otro momento, pues sabe que mañana tu producto o servicio estará disponible.

Si fuiste alguna vez a alguno de mis cursos de ventas, recordarás que repito en muchas oportunidades que "mañana, generalmente, es nunca".

Sin embargo, cuando es escaso, intuimos que se termina y que es difícil conseguirlo y por eso entendemos que debemos comprarlo ahora. La escasez es un gatillo que es capaz de generar emergencia.

Probablemente mientras leés este libro tenés muchas necesidades de compra: un televisor nuevo para el living, un viaje, cambiar el juego de comedor y también el horno. Siempre tenemos deseo de comprar algo nuevo, pero no siempre podemos adquirir todas nuestras necesidades.

El gatillo mental de la escasez tiene esa función superlativa de ordenarte las prioridades. Mirá el siguiente ejemplo siguiendo las posibles compras que te nombré arriba.

Ejemplo de pensamiento de compra:

1º . Televisor (U$200): 329 unidades disponibles.

2º. Viaje (U$300): disponibilidad ilimitada.

3º. Juego de comedor (U\$150): en blanco, última unidad disponible; en negro, dos unidades disponibles.

4º. Horno (U\$170): 90 unidades disponibles.

Cuando te enterás o el vendedor te cuenta que es la última unidad disponible del juego de comedor en color blanco, es muy probable que cambies tu orden de prioridad dado que para todos tus otros pensamientos de compra hay tiempo. Para el comedor, podrías estar por perderlo en cualquier momento.

¿Quién negaría que en un local cuando mostró dudas a la hora de comprar escuchó al vendedor decir: "Este es el último"?

Eso no sucedió por casualidad. La escasez ayuda al prospecto a tomar una decisión, porque sabe que puede perder la oportunidad.

En internet también es posible apretar este gatillo. Existen muchas webs que al lado del producto ponen, por ejemplo, "última unidad".

Un ejemplo de una construcción muy poderosa de este gatillo es la siguiente: supongamos que vendo un curso de finanzas personales.

"Esta es tu última chance de aprovechar esta oportunidad. Una nueva oportunidad tal vez aparezca el próximo año, pero no estamos seguros.

"Dentro de un año vos podrías tener mucho más dinero de lo que tenés hoy. Podrías estar feliz, pleno, tranquilo. La otra opción es esperar al próximo año y quién sabe, tener un poco de miedo de que la economía del país te lleve a algún lugar donde no querés estar, tener que pensar en pagar los gastos de la familia, no cubrir las cuotas del auto que compraste; a mí realmente eso no me gusta y estoy seguro de que a vos tampoco.

"Espero que aproveches esta oportunidad que se termina en pocas horas porque el precio de seguir como estás ahora es mucho más alto que tomar la actitud de hacer este curso conmigo.

"Esta es la última chance que tenés. Después de esto, olvídate".

Todo FRANCOTIRADOR entiende que para bien o para mal, la culpa vende.

Otros ejemplos de escasez:

1. Compañías de vuelos que guardan la reserva únicamente por 24 horas.

2. Lista de espera para hacerse socio de un club de fútbol (Boca Juniors-Argentina).

3. Ventas en liquidación (Ciber Mondey, Black Friday, otras).

4. Becas en universidades.

Ahora, todos los casos que cites para usar este gatillo mental, sin excepción, deben ser reales. No le digas a tu prospecto que los cupos son limitados si realmente no lo son.

No le digas que queda únicamente una unidad cuando hay cinco. Independientemente del gatillo que usés, siempre debe estar acompañado de veracidad.

La oportunidad se presenta tarde
y se marcha pronto.

Publilio Siro

AUTORIDAD

La acción cura al miedo y el ocio favorece
el pesimismo.

Franco Pisso

Arranco con un principio que no te va a gustar: si la persona no te conoce, venderle o persuadirla es mucho más difícil.

Para empezar, vamos al diccionario: Autoridad (del lat. Auctoritas).

1. Poder que gobierna o ejerce el mando, de hecho o de derecho.

2. Potestad, facultad, legitimidad.

3. Prestigio y crédito que se reconoce a una persona o institución por su legitimidad o por su calidad y competencia en alguna materia.

4. Persona que ejerce o posee cualquier clase de autoridad.

5. Solemnidad, aparato.

6. Texto, expresión o conjunto de expresiones de un libro o escrito, que se citan o alegan en apoyo de lo que se dice.

Básicamente, es la persona que influye. Aplicar el gatillo mental de la autoridad es eso: mostrar a tu público que entendés un asunto de manera que confíen lo suficiente en vos como para comprar tu producto.

¿Cuál es el mejor indicador para evaluar autoridad?

El mayor indicador para saber si sos o no autoridad, tanto en el mundo real como en el virtual, es la venta.

Si vendés bien, si no necesitas esforzarte tanto para convencer al cliente, seguramente sos autoridad en tu nicho. Ahora, para construir tu autoridad hay que respetar varios indicadores.

¿Es posible vender sin autoridad?

"Franco, me recibí de abogado hace poco, no soy especialista y mucho menos autoridad en el mercado. ¿Puedo ganar clientes?".

Recibo constantemente este tipo de preguntas y la respuesta es contundente y determinante: ¡Sí!

Ahora, ¿cuándo tenés autoridad es más fácil vender? También la respuesta es sí. Es más, normalmente solemos pagar más caro cuando contratamos a un abogado que es autoridad en un tema. ¿Crees que Fernando Burlando (abogado mediático argentino) anda ofreciéndose como abogado? Claramente no. Cuanta más autoridad tenés, menos necesitas vender.

Cuando yo arranqué como profesor de oratoria a hacer cursos, no tenía ningún tipo de autoridad en el tema. Nadie me conocía. ¿Cómo arranqué para construir mi autoridad? Entrevistando a personas que yo admiraba, hoy las redes sociales ayudan mucho a tener este tipo de contactos. Empecé a rodearme de conocidos porque eso hacía que mi autoridad aumentase.

¿En qué momento me di cuenta de que tenía autoridad?

Cuando me preguntan cuál fue el momento donde realmente me di cuenta de lo que había logrado, respondo sinceramente, no sé.

Tener autoridad no es algo definitivo, en un mismo momento soy autoridad y no lo soy. Es muy loco que eso suceda, pero sucede.

Este gatillo mental crece muy lentamente y de manera gradual. Y muchas veces cuando te crees autoridad, todavía no lo sos.

Un día caminaba por la calle, era mediodía, hacía un calor tremendo, yo casi siempre estoy vestido con saco. Llegando a una esquina, noto que había una señora que me miraba. La semana anterior había terminado el lanzamiento de mi curso Oratoria para Inconformistas donde habíamos alcanzado a casi 2.000.000 de personas con la publicidad. En ese momento dije; "Uy, me van a empezar a reconocer por la calle". Cuando estoy llegando a la esquina la mujer me mira y me dice: "Sos Agustín Laje ¿no?". En ese momento no me salió otra cosa que reírme y pensé… "Será la próxima"... Esa misma tarde en un conocido local de ropa se acercó un muchacho y me saludó: "Hola, Fran, ¿cómo estás?". En ese momento pensé "Ahora sí" y siguió: "Me acuerdo cuando jugábamos al tenis y fuimos a Mar del Plata a competir".

Definitivamente ese no fue mi día, pero cuando la gente me frena y me dice que está muy bueno lo que hago, que me sigue en las redes, que los ayudé en sus exámenes o a aumentar las ventas, es muy lindo. Cuando alguien te reconoce en la calle, significa que estás haciendo algo bien.

La autoridad es ese gatillo mental del que acostumbro a hablar cuando doy clases. Cuando las personas te asocian como una autoridad tienden a seguirte y con el tiempo confían en vos y tus soluciones.

Antes de la era digital, si vos hubieras deseado ser percibido como una persona con autoridad, tenías que tener un destacado cargo como político, por ejemplo, o usar uniforme: guardapolvos de médico, ropa militar, en fin… va por ahí.

Escribir un libro también hace que las personas te perciban como autoridad. Pero hoy, con internet, vos no necesitas escribir una obra y buscar una editorial para publicarla.

En tu negocio, podrá generar autoridad por medio de publicaciones online de una forma muy simple.

Cuando publicás online un contenido de valor para tu público, este tiende a verte como autoridad con relación a aquel determinado asunto del cual hablaste.

¿Pero, cómo... contenido de valor? Lo que subas a las redes debe ser un contenido que ayude a tu prospecto de alguna forma, que resuelva un problema, que sea (una palabra que me encanta) útil.

Un contenido de calidad

Por medio de este contenido las personas percibirán que vos tenés expertise y que dominás el asunto del cual estamos hablando.

Esas publicaciones pueden ser artículos de un blog, videos en YouTube, posts en Facebook, en Twitter... No importa el medio, pero que tengan valor para tu público.

Otra forma de generar autoridad es entrevistando personas que están en el mismo nivel que vos o que están en un nivel superior. Entrevistar autoridades hace que ganés autoridad.

Esto también vale para cuando otros especialistas de tu nicho indican tu trabajo, te indican a vos y hablan bien de lo que hacés.

¿Es necesario cierta edad para tener autoridad?

Definitivamente no. El único requisito real para ser autoridad es tener conocimiento profundo sobre un tema y saber cómo mostrar ese conocimiento. Cuando transmitís lo que sabés y el público confía en vos, te convertís en autoridad.

¿La autoridad tiene validez?

Por supuesto. Si yo desaparezco ¿sigo siendo referencia en oratoria y persuasión? Por un tiempo puede ser que alguien relea mis artículos o vea mis videos, pero somos presente. Muy pocos se perpetúan en el tiempo.

Este gatillo mental es muy importante porque es por medio de esa construcción de autoridad que las personas sabrán que sos confiable, tu producto o tu servicio, cuando llegue el momento de ofrecérselo.

ANTICIPACIÓN

*Nada tan estúpido como vencer, la verdadera
gloria está en convencer.*

Victor Hugo

Según mis experiencias, el gatillo mental de la
anticipación es una de las maneras más eficientes
para mantener la atención de las personas y no soy
yo solamente el que dice esto.

En 1927 la psicóloga Bluma Zeigárnik comprobó
científicamente el funcionamiento de este gatillo
mental en la Universidad de Berlín, en Alemania.

El descubrimiento se hizo tan famoso que hasta
hoy el resultado es conocido como el efecto Zeigárnik.

Bluma hizo una investigación después que el profesor de ella, Kurt Lewn, notó que los mozos de los bares parecían recordar mejor los pedidos de las mesas que todavía no habían terminado de comer y tampoco habían pedido la cuenta.

Ella observó que cuando los participantes del estudio eran interrumpidos durante la realización de sus tareas, recordaban 90% de los detalles que quien no había sido interrumpido. Eso sugiere que una actividad abierta favorece para retener en la memoria.

Lo más loco es que el cerebro permite que el proceso del olvido suceda después de que la tarea está completada. O sea, la anticipación hace que recuerde algo más nítidamente más tiempo, porque crea una especie de *loop*[1] en lo cual la información queda abierta.

El hecho es que, si paras y analizas, probablemente esa cuestión era mucho más importante para la supervivencia en la época de las cavernas, porque ellos encendían el fuego para mantenerse calientes durante la noche y alguien tenía que quedarse cuidando la llama. Una persona debía mantener el fuego encendido mientras todos dormían. Probablemente esa persona estaba tan tensa que no podía dormir porque de dormirse y el fuego se esparciera, todos los miembros de la tribu estarían en peligro.

---

1. Abrir un loop es lanzar una pregunta cuya respuesta no fue dada, eso mantiene la atención de las personas.

¿Cómo funciona la anticipación?

No sé si tuviste la posibilidad de ver el documental *Explicando la mente*. El hecho es que lo vi y lo recomiendo. Son varios episodios que exploran el funcionamiento de la mente humana. Uno de los capítulos muestra lo que sucede durante y después de hacer meditación. En ese capítulo se muestra como la mente reacciona cuando alguna cosa está por suceder. El cerebro empieza a anticipar. Si una persona sabe que va a sentir dolor –mirando una inyección, por ejemplo–, las áreas del cerebro ligadas al procesamiento de esa sensación son activadas antes de sentir el pinchazo.

Esto es algo que vivía constantemente cuando jugaba con mis sobrinos, Gianluca y Vicenzo. Siempre me encantó hacerles cosquillas. Si yo les anticipaba que les iba a hacer cosquillas, reaccionaban casi de igual manera que cuando realmente les hacía. De hecho, cuando efectivamente les hacía cosquillas era un alivio porque sabían que el fin estaba por llegar.

Hay un estudio que realizó Jeroen Nawijn, de la Universidad de Erasmus, en Rotterdam, sobre 1.530 personas. El resultado fue que la mayoría de las personas que planeaban un viaje presentaban mayores niveles de dopamina (hormona que ayuda a producir la sensación de placer y bienestar). Lo loco de esta investigación es que cuando la persona realmente llegaba al destino, presentaba menos dopamina que una semana antes del viaje.

Eso quiere decir que el gatillo de la anticipación es capaz de afectar, inclusive, la producción hormonal de una persona.

¿Por qué los tráileres de las películas que queremos ver nos llaman tanto la atención?

Porque anticipan que algo bueno está por venir. Cuando eso sucede, nosotros quedamos pensando, esperando y sobre todo especulando.

Establecemos un estado de ansiedad, esperando que llegue lo más rápido posible la hora y el día del lanzamiento de esa serie o película.

Otra cosa que sucede en nuestro día a día y aprieta el gatillo mental de la anticipación es cuando vamos a un restorán con mucha pero mucha hambre y pedimos una pizza, por ejemplo.

Cada vez que el mozo pasa con una pizza en la mano, esperás y deseás que sea la tuya, porque realmente estás aguardándola.

Lo mismo sucede cuando lancé mi curso online. En el período de prelanzamiento las personas estaban ansiosas por adquirir el curso porque sabían que algo realmente bueno estaba por salir al mercado.

Mientras otros dueños de negocios online están con ofertas permanentes, yo hice algo que prendió la atención de las personas.

Eso hará que ellas dejen de prestar atención al otro marketing y presten atención al tuyo.

Por eso, cuando vayas a lanzar un nuevo producto o servicio, por ejemplo, anticipale a los prospectos cuáles serán los beneficios que recibirán, cómo eso mejorará la vida de ellos. Inclusive antes del momento de tu oferta.

¿Cuándo no es recomendable usar la anticipación?

Según mi experiencia como consultor y después de tantos años capacitando vendedores, hay un tipo de venta en el que no es necesario usar este gatillo mental. Es cuando una persona ya sabe que quiere tu producto y no necesita hacer ninguna consideración. En este caso la anticipación es dispensable.

Por ejemplo, si tengo sed y quiero una botella de agua. No sé cuánto cuesta el agua, pero estoy dispuesto a pagar por ella, no existe ninguna necesidad de consideración.

Lo mismo sucede con un servicio de emergencia. Hagamos de cuenta que me quebré un brazo. En el hospital, voy a pagar cualquier valor, no voy a ni pensarlo. Lo mismo sucede cuando está en juego la salud de un ser querido, no es necesario que me anticipen nada.

Ahora, si vos no vendés servicios de emergencia o algún producto que no necesite de consideración, te recomiendo que uses la anticipación dado que tienden a aumentar la probabilidad de recibir un Sí.

Sucede mucho en el campo de la seducción. Recientemente vi un documental de *Netflix* sobre Bill Gates. En ese documental, cuentan cómo empezó la relación entre Bill y Melinda.

Ella era directora de un departamento de Microsoft y en una juntada laboral se sentó en un balcón donde solamente había dos sillas vacías. Bill ocupó la otra y como estaban uno al lado del otro, empezaron a conversar. Conversación va y conversación viene, resulta que él le dice: "Después de acá, vamos con un grupo a bailar, ¿querés venir con nosotros?". Ella le respondió que ya tenía otro compromiso. Ella aplicó el gatillo no dejando que el termine de saber si ella estaba interesada o no en él.

Melinda (consciente o inconscientemente) creó un terreno más favorable para el inicio de una relación y lo dejó a Bill pensando en ella y en el "que hubiese pasado si...".

POLÉMICA

Es inútil toda polémica si no hay esperanza
de que resulte provechosa.

Juan Luis Vives

Dentro de la oratoria, este es un gatillo que suelo utilizar muchas veces para arrancar mis discursos. Para los que saben del tema, la polémica es una de las formas de crear un buen *hook* o gancho que sirve justamente para hacerle parar las antenas al auditorio.

Polémica es una forma muy eficiente de llamar la atención. Entonces, si te exponés diciendo: "¿Por qué comer chocolate te hará adelgazar?", por ejemplo, eso llamará la atención de las personas.

¡Pero atención! La información que usés en tu mensaje tiene que ser verdadera.

No sirve para nada que llamés la atención de la persona diciendo que el chocolate te ayuda a adelgazar si después no hay cómo probar eso y el contenido se trata de cualquier otro tema.

Si vos hacés eso, perdés credibilidad. Y, de nuevo, como te dije en el gatillo mental de la prueba, sin integridad, tu negocio, discurso o conversación no tiene ningún tipo de proyección.

Generalmente, cuando tenemos que activar el gatillo de la polémica, tendemos a hablar sobre mitos. Entonces podés usar, por ejemplo: "¿Crees que correr te hará adelgazar? Estás equivocado".

Siempre y cuando después digás y aclares porque está equivocado y demuestres por medios de estudios, informes y datos la veracidad de esa idea.

Dicho sea de paso, explicar el porqué es otro gatillo mental que detallaré más adelante.

Por ahora, basta con que entiendas que saber usar informaciones contraintuitivas, contraria a lo que la persona espera, llamará la atención de tu prospecto y despertará la curiosidad de él/ella, así tendrás algo que es sumamente importante: su atención.

COMPROMISO
Y CONSISTENCIA

*Lo irracional se deja en cierto modo
persuadir por la razón.*

Aristóteles

Las personas tienden a repetir patrones que aprenden durante su vida. Si vos querés adquirir un nuevo hábito, se estima que necesitas repetir una determinada acción durante al menos 21 días.

Hay muchos estudios que no se ponen de acuerdo respecto del número de días y horas que necesitas dedicar al tema, pero la realidad es que, cuánto más te comprometas a realizar una nueva acción, más chances tenés de cambiar el patrón de tu vida.

Esto es válido para dietas, ejercicios, aprender un idioma nuevo e inclusive ganar dinero gracias a la persuasión. Ahora, en términos prácticos, ¿cómo podemos utilizar esto para nuestra comunicación?

Si envío un mail a mis prospectos con el siguiente texto: "¿Te interesa que te cuente respecto del curso nuevo de persuasión que vamos a sacar el mes que viene? Respóndeme: ¡Quiero saber más!".

Si la persona me responde el email, está creando el compromiso de darme la atención para leer lo que tengo que decirle.

En presentaciones en vivo, también suelo utilizar este gatillo. Generalmente pregunto algo así: "¿Quién se anima a hablar en público sin ponerse nervioso?", luego espero el "Yo" de algunos participantes, por varios motivos.

Al momento de elegir alguna persona para pasar al frente, la persona que dijo previamente "Yo" se sentirá comprometida dado que siempre buscará congruencia entre lo que dijeron en el pasado y lo que toca realizar ahora.

Una de las estrategias que utilizo mucho en las redes sociales es comenzar mis videos con un volumen bajo, de esta manera hago que el prospecto aumente el volumen del video si realmente lo quiere escuchar. De esta manera, el cliente muestra un compromiso real por lo que estoy diciendo. Gracias a que subió el volumen es posible que sea coherente y escuche el resto de mi video, dado que ya tomó una determinada acción.

Otro ejemplo para comprender:

Se le avisa a un grupo de personas de un barrio privado que una revista ecológica hará una entrevista dado los buenos resultados con respecto al ahorro de agua. Cómo condición para dicha entrevista se solicita que los que habitaban en ese barrio sigan ahorrando agua.

Luego de dos semanas, la entrevista fue cancelada pero increíblemente las personas habían ahorrado muchísima agua por querer seguir siendo coherente con su supuesta distinción como barrio ecológico. Aun sacando el estímulo inicial de la entrevista, las personas siguieron siendo coherentes con sus compromisos asumidos.

A las personas les gusta mucho hacer algo consistentemente con lo que ellas harían o hicieron en el pasado. Un estudio realizado por el psicólogo Steven J. Sherman comprueba eso.

Él llamó a residentes de Indiana, Estados Unidos, para participar de una encuesta y les pidió que dijeran qué respuesta darían si alguien les pidiese que recolecten dinero por tres horas para American Cancer Society.

Como en ese momento no tendrían que hacer eso, muchas personas respondieron que "sí, lo harían".

Más tarde, cuando un representante de American Cancer Society llamó para solicitar voluntarios, hubo un aumento de 700% en las personas que aceptaron, visto que ya se habían comprometido anteriormente.

Ese estudio comprueba el poder que el comprometimiento ejerce sobre las personas.

Entonces, si en tu negocio lográs que la persona dé pequeños pasos, ella tenderá a mantenerse consistente con lo que dijo en el pasado.

Esto no sirve solamente para conseguir que las personas hagan algo, o estén de acuerdo con vos, sino también tiene que ver con la credibilidad que transmitís.

Cuando te comprometés a hacer alguna cosa con tu audiencia, tenés que mantener el comprometimiento, caso contrario, perderás la credibilidad.

Uno de los factores que auxilian tu compromiso es dividir tu decisión con alguien.

Cuando dividís tus objetivos con las personas, con tu audiencia, por ejemplo, aumenta muchísimo las chances de que te comprometas a realizarlo.

En tu negocio también debes atenerte a ser consistente con lo que decís y hacés, porque si no tenés integridad, consecuentemente, no tendrás la confianza de tus clientes y por ende tu negocio no llegará lejos.

RECIPROCIDAD

Nada es más costoso que algo libre de cargo.

Proverbio japonés

Sé que puede sonar contraintuitivo, pero aplicar este gatillo mental puede ayudarte a vender sin vender.

Cuando digo vender sin vender, quiero decir literalmente hacer que las personas tengan ganas de comprar lo que vendes mucho antes de que ofrezcas cualquier producto o servicio a ellas.

Probablemente hay mucha gente que todavía no te conoce directamente y no sabe que necesita del producto o servicios que vendes.

La manera más eficiente de venderle a tu prospecto, sin necesitar forzar la venta, es utilizando este gatillo mental.

Este es un gatillo mental que uso diariamente y gracias a él, tengo vendidas una gran cantidad de copias de este libro que aún estoy escribiendo. Este es un gatillo acumulativo.

La reciprocidad necesita mucha técnica, no es un gatillo fácil de usar, pero cuando lo domines los resultados de tus negocios van a crecer e inclusive me animo a decirte que es probable que logres escalarlos.

Para explicarte este gatillo mental te contaré sobre un estudio científico hecho por el profesor de psicología de la Universidad West Florida David Strohmetz. Él quería descubrir si el hecho de que dos mozos ofrecieran un caramelo de menta a los clientes afectaría o no en la propina que recibirían después del almuerzo o cena.

Se realizaron tres tests en grupos diferentes. En el primero los mozos simplemente entregaban un caramelo de menta al cliente junto con la cuenta. El resultado fue que las propinas aumentaron 3,3%. Ese número puede no parecerte significativo, pero es determinante que los caramelos funcionan.

El investigador quiso descubrir si el número de caramelos afectaría o no al resultado, entonces, en vez de un caramelo, los mozos ofrecían dos caramelos junto con la cuenta. El resultado fue un aumento de 14% en las propinas.

En el tercer intento, eran entregadas los mismos dos caramelos, pero de una manera diferenciada. Primero el mozo daba un único caramelo con la cuenta y fingía estar retirándose, pero luego volvía y entregaba una más, "solo para esa mesa".

Eso aumentó las propinas 23%.

No estoy diciendo que es correcto o errado fungir hacer algo exclusivo cuando verdaderamente hacés lo mismo con todas las mesas. Pero como comprobación científica, el dato termina siendo sumamente válido.

De este estudio se pueden concluir:

1. Necesitas entregar algo de valor para generar reciprocidad.

2. Si aumenta el valor percibido en relación con las expectativas, tus resultados tienden a ser mejores.

3. Si ofreces algo personalizado y la persona siente que aquello fue pensado específicamente para ella, las chances son que eso aumente aún más tus resultados.

Hay una fórmula: felicidad = realidad - expectativa.

El valor percibido será igual a la realidad menos la expectativa. Pensá conmigo, ¿quién es la persona que más provee valor en tu vida? En la mayoría de los casos, son tus papás. Ahora... ¿Todos los hijos tienden a devolver ese valor a los padres?

No siempre. ¿Por qué? Porque muchos hijos no lo ven como regalo, sino como "obligación". A los ojos de quien está recibiendo, la obligación no es tomada en cuenta para ofrecer reciprocidad.

Algo similar me sucedió en mi primer día como profesor cuando arranqué a dar clases de oratoria en la universidad. Todos los que ejercen la docencia de forma rutinaria sabrán que hay que completar el libro de temas, es una cuestión burocrática pero necesaria para que la universidad controle lo que se les da a los alumnos. Entré en la sala de profesores por primera vez y encontré el libro de temas. Lo abrí confiado de que iba a poder completarlo. Luego de unos segundos intentando descifrar ese enigma hecho por el mismísimo Leonardo Da Vinci, llega una mujer encargada de la limpieza de la sala de profesores y me ofrece su ayuda. Más allá de que logró ayudarme, mi voluntad de retribuirle fue tal que aun sin que me lo pida, le compré un desayuno y se lo dejé en su despacho. ¿Se entiende cómo funciona?

¿Estás acostumbrado a ser recíproco con las personas, esto es, retribuir favores, ayudar a quien te ayuda?

La reciprocidad es un gatillo mental muy importante no solamente en el día a día de una persona, sino que puede ser muy poderosa para tu negocio.

Cuando das algo de valor a alguien, las personas tienden a retribuir naturalmente.

Ya te conté que publicar contenido de valor para personas que son tu público acciona el gatillo mental de la autoridad, ¿no?

Las publicaciones también son capaces de accionar el gatillo de la reciprocidad. Cuando publicás contenido de valor, estás entregando soluciones, ayudando al público de alguna forma y por el gatillo mental de la reciprocidad se tiende a retribuirte.

¿Cómo, cómo?

Claro, por ejemplo, cuando yo hago mi oferta, mis prospectos y potenciales clientes van a pensar: "Éste es un buen tipo, me ayudó a superar mis exámenes finales, entonces voy a retribuir y comprar su libro".

¡Pero, atención! Así como en tu día a día vos no ayudás a las personas esperando recibir algo a cambio, en tu negocio tampoco tenés que hacerlo. La reciprocidad debe ser natural.

Otro factor que debes tener en cuenta es la frecuencia de la ayuda. No tiene ningún tipo de sentido que ayudes a tus clientes cada tres meses.

¿Por qué? Porque los favores tienen plazo de validez.

Si tu idea es vender algo por internet, por ejemplo, tenés que publicar constantemente y con consistencia, esto es con frecuencia y calidad.

Cuando hacés un favor a alguien, tiene mucho más valor para el que lo recibe que para el que lo da, en este caso, el que más va a sentir el aporte es tu cliente, tu público.

Pero, conforme pasa el tiempo, el público tiende a olvidarse de aquel favor y no darle tanto valor, y mientras tanto el que hizo el favor, en este caso vos, normalmente recordás que lo hiciste por mucho más tiempo.

Si no renovás constantemente ese favor, esto es, entregando calidad y soluciones a tu público, generando más valor, te perderás la posibilidad de accionar el gatillo mental de la reciprocidad.

Según el antropólogo Richard Leakey, esto es lo que realmente nos hace humanos, y nos separa de las otras formas de vida animal, cuando empezamos a compartir comida, compartir herramientas, compartir conocimiento unos con otros.

Este gatillo mental es sumamente útil para negociar. Miren lo que me pasó el año pasado: con mi pareja fuimos de viaje a Bariloche, una ciudad hermosa del Sur argentino. Era mi primera vez ahí y mientras mi novia hacía algunas compras de chocolates para llenar la alacena y hacernos engordar, fui a recorrer el centro cívico. Se me acercó una nena que parecía tener entre 8 y 10 años, la realidad socio-económica de nuestro país es triste porque estamos acostumbrados a que este tipo de situación suceda. Esta nena me ofreció pañuelitos. Amablemente le dije que no necesitaba, que muchas gracias. Empecé a recorrer el centro cívico y la nena me fue siguiendo y empezó a describirme datos curiosos de la ciudad y de cosas que habían sucedido en ese lugar, árboles típicos, el clima promedio, inclusive me recomendó un lugar para ir a cenar. Fue un maravilloso tour no querido.

¿A que no adivinan qué tenía en la mano cuando me fui del centro cívico? Si, pañuelitos.

Puede ser que ella era muy chiquita, que estaba vendiendo en la calle, pero es evidente que fue lo suficientemente inteligente para entender que, si hacía algo bueno por mí, yo sentiría la necesidad de darle algo a cambio, de ser recíproco.

SORPRESA

Es preferible atrasar tus éxitos
que profanar tus valores.

Franco Pisso

Dada la vertiginosidad de las redes sociales, hoy en día todo tiene que ser rápido y ahora. Si no me entretiene, sigo adelante, si no me llama la atención, no me interesa.

Tenemos que ser conscientes que hoy en día el mercado millennials (nacidos entre 1980 y 1995) es uno de los mercados con mayor crecimiento de todo el mundo.

Este gatillo mental va a persuadir a todas las personas, pero tiene especial efectividad con los millennials y la generación Z (nacidos después del 95).

¿A quién no le gusta que lo sorprendan?, positivamente, obvio. La clave para utilizar este gatillo mental es ser imprevisible. Cuanto más imprevisible seas, mejor.

Si vos, en cada uno de tus videos, tus artículos, tus clases, exposiciones o en cualquier contenido que vaya dirigido a tu público, decís siempre lo mismo, no entregás nada diferente, las personas te prestarán cada vez menos atención y, obvio, se cansarán.

Pero, si sorprendés a las personas, siempre traés contenidos nuevos, contenidos diferentes, que no esperan, van a estar siempre en tu página, porque no saben lo que está por venir ni lo que vas a hacer.

Existe una técnica que podés usar en tu negocio para sorprender positivamente a tus clientes, la técnica del *over delivering*.

El *over delivering* significa entregar más de lo que se espera, superando las expectativas y cuando hagas eso, vas a sorprender a tus clientes y tus prospectos, ¿no?

Hay diversas maneras de hacer *over delivering*. Una de ellas es dando un extra (bonus) a las personas que no lo están esperando.

¡Pero, atención!

Darles el bonus que prometiste en tu oferta no es *over delivering,* porque no se sorprenden, las personas ya lo estaban esperando.

Entregas que superan expectativas pueden hasta ser accesorias en formas de producto, pero esa no es la única forma de sorprender al cliente.

Por ejemplo, producir contenido también es una forma de entregar más de lo que las personas esperan.

Si vos tuvieses un negocio de recetas de comida, por ejemplo, y decidís hacer un ebook dando el paso a paso de las mejores recetas que vos ya hiciste en tu canal de YouTube y dárselo de regalo a las personas que ya consumieron tu contenido, es una gran forma de sorprenderlas.

Alguna vez en tu vida le hiciste una fiesta sorpresa a alguien, o participaste de la organización de alguna, sabés que va mucho más allá de la compra de globos, torta y algunas papitas.

Sorprender a alguien tiene más que ver con el gastadero de energía de lo que tiene que ver con el gasto de dinero. ¿Pero, no vale la pena?

Lo mismo sucederá en tu negocio. Pensar en formas de innovar, crear bonus, producir contenidos inéditos hará que vos gastes mucha energía, pero el retorno, te juro, que compensa.

Una técnica milenaria

¿Ya sentiste que tu historia no conectaba con tu cliente de la manera que realmente te gustaría?

Existen una serie de factores que garantizan el éxito de una historia, pero te voy a contar una técnica de alguien que vivió en el año 330 aC que podría sumarte y mucho.

En el libro *Poética*, Aristóteles cuenta una regla relacionada a la construcción de una historia: las personas tienden a desinteresarse cuando decís algo posible, pero improbable. En contrapartida, prefieren escuchar algo imposible, pero probable.

Te debes estar preguntando, ¿qué sería algo imposible pero probable? Te voy a dar un ejemplo. ¿Recordás la escena de la película de Harry Potter donde vuelan en un auto sobre Londres? Bueno, eso es algo imposible, pero en el caso que existiese sería posible que vuelen sobre Londres. Este tipo de historias llama mucho la atención de las personas.

Ahora te cuento una historia improbable, pero posible. Imagínate una película donde el piloto de un avión sufre un ataque cardíaco, y la azafata necesita tomar el mando de la aeronave. Para lograrlo, llama a la policía y pide orientaciones, pero los agentes le dicen que solamente un policía puede hacerle frente a esta capacitación urgente, pero en ese momento el policía apto se encuentra negociando un acuerdo con un secuestrador que intenta explotar una bomba en un edificio. Aunque tenga ambos problemas, logra resolverlos.

En este ejemplo, deducimos que es posible que un mismo policía sea realmente bueno en dos cosas (aterrizar aviones y negociaciones con secuestradores), pero es muy improbable que realmente lo sea. En ese momento las personas suelen desligarse de la historia.

¿Qué pasa si tenés que contar una historia improbable pero posible?

Cuando doy clases de oratoria y persuasión, suelo decir que es posible lograr resultados, pero sé que eso es improbable dado que requiere un esfuerzo que muchas personas no están dispuestas a afrontar. Para no perder mi audiencia, según Aristóteles, tengo que decirle a mi audiencia que sé que eso puede pasar. Entonces normalmente digo: "Sé que estás pensando que es improbable que te guste hablar en público y seguramente pensás que no lo podrás hacer".

En el caso de la película que te conté hace unas líneas, el policía que es bueno en las dos cosas podría decirle al jefe: "¿Me estás jodiendo? ¿Estoy en plenas tratativas para que un tipo no explote un edificio y me pedís que también ayude a aterrizar un vuelo? No es posible que no exista nadie en Nueva York que sepa hacer eso".

Utilizando este recurso, conseguirás que tu audiencia siga presentando atención en tu historia porque seguís sorprendiéndola.

Entonces, es necesario tender a ser novedoso, impredecible, a sorprender a tu público y a tus clientes, porque personas satisfechas es sinónimo de larga vida de tu negocio.

CARISMA

*El carisma es una chispa que el dinero
no puede comprar. Es una energía invisible con
efectos visibles.*

Marianne Williamson

Existen motivos para que nos identifiquemos con algunas personas y con otras no y el carisma, como suelo decirlo en mis cursos, es una de las características primordiales en este proceso.

Atención a esto: si sos un tremendo arrogante con tu público, lo que digas, probablemente, no le importe a nadie. No es solo lo que ofreces al público para que te compre, pero sí cómo se lo vas a ofrecer. Esta es una gran vinculación de la persuasión con la oratoria.

Todos tenemos defectos y aptitudes. Pero, en tu negocio, tenés que focalizar en exponer tus aptitudes, esa parte tuya que le gusta a la gran mayoría de las personas.

¿Por qué es importante que pienses en eso?

Porque las personas muchas veces les compran únicamente a aquellas personas con las que sienten afinidad. Esto está comprobado por una investigación titulada como *Effects of a Favor and Liking on Compliance*.

La investigación demostró que las personas están muchísimo más propensas a consentir con el pedido de alguien que les "cae bien" y sienten afinidad.

Como dije anteriormente, las personas están más propensas a consentir un pedido de alguien que ellas quieren, por ende, si vos sos carismático con tu público aumentarás las chances de que recibas un sí cuando hagas alguna oferta.

Es muy probable que estés pensando ahora en que el carisma es algo con lo que se nace o no. Pero, siendo sincero, no es tan así.

Ser carismático es algo que podés construir por medio de tus acciones. Inclusive hasta usando otros GATILLOS MENTALES que ya te expliqué.

¿Querés un ejemplo?

Una de las características de una persona carismática es saber escuchar y dar atención a lo que las personas dicen.

Usando el gatillo mental de la interacción y la conversación, estás automáticamente poniendo en práctica una de las cualidades de una persona carismática, ya que la otra persona estará dispuesta no solamente a escuchar sino también a "accionar".

Otra característica de una persona carismática es que acostumbra a dar antes que recibir. ¿Eso te hace acordar a algo?

Yo por lo menos me acuerdo del gatillo mental de la reciprocidad. Al estar dispuesto a entregar lo que vos tenés para ofrecer a tu público sin esperar nada a cambio es otra de las formas de accionar conforme a la naturaleza de una persona 100% carismática.

Otros aspectos que envuelven la personalidad de un sujeto que tiene carisma

1. Estar abierto a escuchar opiniones distintas a las propias.

2. Darle importancia a todas las personas.

3. Elegir correctamente las palabras cuando se dirige a los demás.

Resumiendo, podemos decir que una persona carismática es aquella a la que le importan, de hecho, otras personas y entrega lo mejor posible a ellas.

No es tan difícil, ¿no?

Tomando esas acciones, tu público no sería el único beneficiado, sino también tu negocio. Un cliente satisfecho es sinónimo de un negocio que prospera.

CREDIBILIDAD

A las negociaciones sinceras y diligentes nunca se ha resistido un honorable éxito.

Papa Pío XII

En algunas partes del libro creo que ya te demostré que los Gatillos Mentales se asocian entre sí y para ser un Francotirador de la hostia, tenés que saber combinarlos. La credibilidad es esa asociación primordial.

¿Cómo hacés para construir este gatillo mental? Podés hacerlo tranquilamente a través de otros Gatillos Mentales.

¿Cuáles?

El gatillo mental de la prueba, acordate: personas hablando de tu producto o servicio, de cómo las ayudó en su vida, es una forma clara de construir credibilidad.

La prueba social, o sea, un número interesante de personas seguidoras de tu trabajo, de tu canal de YouTube, de tu página en Facebook también, construyen credibilidad.

Otra manera es cuando te asociás con otras personas importantes, cuando las entrevistás, por ejemplo, cuando ellas te recomiendan.

No sé cuándo leerás este libro, pero en la actualidad (fines de 2020) en mis redes sociales, sobre todo en Instagram, realizo entrevistas, normalmente a personas que son más conocidas que yo. Eso sirve muchísimo.

Al contrario de lo que algunas personas piensan, credibilidad no es hablar de que vos tenés un diploma, más de 30 años en el mercado, doctorados y maestrías.

Aunque yo tenga un máster internacional en Oratoria, sea MBA y abogado, lo único que le importa hoy en día a mi mercado es cuántos me gusta tengo en las fotos o videos que subo a las redes. Uno tiene que saber leer el mercado (el mío es millennial y generación Z) y mi deber es entender qué mostrar y qué guardar.

Como le digo siempre a mis alumnos, uno es una especie de supermercado, dentro nuestro hay muchos productos y servicios. Cada uno es algo diferente, lo importante es que se mantenga el pilar de calidad que todos los que compran en mi supermercado quieren de mis productos. ¿Se entiende la metáfora?

La credibilidad es construida por medio de la demostración de los resultados que vos ya lograste, de la transformación que sos capaz de generar y de lo positivo que podés entregar a las personas.

Una cosa que no debés desatender después de construir tu credibilidad es mantenerla.

Una de las formas de hacer esto es por medio del gatillo mental del comprometimiento y de la consistencia, que vimos antes. Mantener tu palabra es una de las cosas que hoy en día está bastardeada, pero sigue siendo tremendamente fuerte y primordial para no perder la credibilidad que tenés que construir.

Otra cosa: no te asocies, promuevas o indiques personas y productos de los cuales no tenés 100% de la confianza, aunque ganés plata haciéndolo. Recordá, tu credibilidad vale mucho más que eso.

CELEBRIDAD
SER INTERESANTE

La identidad de un hombre consiste en la coherencia entre lo que es y lo que piensa.

Charles Sanders Peirce

Algunas veces las personas acostumbran a asociar la palabra celebridad a características negativas, pero este gatillo trata la celebridad en el sentido del renombre y reconocimiento que vos adquirís.

Queriendo o no, si tenés un negocio te convertirás en una celebridad durante el lanzamiento y serás reconocido y admirado por las personas. Y como sabés, es usual que el ser humano tenga curiosidad sobre la vida personal de quien se admira.

Por eso está bueno que muestres algo diferente sobre tu vida, que no necesariamente esté ligado a tu producto o servicio.

Por ejemplo, a mí me gusta mucho tomar mate, a veces me gusta mostrar por medio de las redes sociales los panoramas donde suelo relajarme y tomar mate.

Cuando entrevisto a personas también acostumbro a mostrarme más humano y no tan profesor universitario o abogado. Estoy siempre buscando revelar algún detalle importante sobre mi vida que sea interesante para las personas que siguen mi trabajo.

La clave acá no es mostrar todo lo que pasa en tu vida, pero sí algunos puntos interesantes de ella. Sea interesante, diferente.

Como te dije anteriormente, me gusta mucho tomar mate, tal vez deberás encontrar qué es lo que te gusta que sume en tu producto o servicio para que lo descubra tu cliente.

Con seguridad, también tenés algo diferente, todos tenemos una parte interesante de la vida que a otras personas le gustarían ver.

Encontrá, sea lo que sea, y transmitíselo a las personas de una manera agradable, te aseguro que vas a generar mucha curiosidad y empatía.

¡POR QUÉ!

No puedo justificar bajo ninguna razón
llegar en segundo lugar.

Ayrton Senna

El gatillo mental del porqué es una de las herramientas más importantes de la influencia.

Cuando uso ese gatillo, por ejemplo, significa que te voy a justificar mi idea para que entiendas lo que quiero y por qué necesito que hagas una determinada acción que me favorezca a mí.

Realmente este es el gatillo mental que más me gusta que me lo hagan a mí. Que lo hagan, facilita muchísimo mi decisión y como ya vimos es lo que más deseo.

Cuando entreno a mis alumnos a que usen este gatillo mental, lo hago hasta que consiguen ver mejores puntos y fortalezas de sus propias ideas.

Mira un ejemplo muy claro, en 2012 un equipo de fútbol hizo una acción para estimular a los socios a donar sangre.

Todos sabemos que donar sangre es algo importante, ya que ayudas a otras personas. No es ninguna novedad por qué debes donar sangre.

Uno de los directivos del club había asistido a una de mis máster class y decidió agregarle un motivo. Luego de la invitación a donar sangre, hicieron lo siguiente, el equipo tiene los colores rojo y negro, pero ingresaron a jugar el partido con la remera toda negra. El discurso fue el siguiente: esto representa la falta de donación de sangre. Cuanta más sangre sea donada, más rojo vamos a agregar a la camiseta todos los domingos. Dos semanas después el número de donaciones subió 46%. El equipo no solamente dijo por qué sino también utilizó la estrategia del *gamefication*. Aunque el motivo no sea el principal, la acción estimuló a los socios a realizarlo.

Es muy loco y puede que hasta parezca un poco obvio lo que te voy a decir, estoy seguro de que sabes el motivo por el cual debemos contratarte o comprar tu producto, pero es muy posible que la persona que tenés en frente no lo sepa.

Seguramente tenés la justificación armada en tu cabeza, para vos es obvia la decisión. Pero no todos logramos verlo con la claridad que necesitaríamos para terminar de contratarte.

Cuando yo, por ejemplo, en la posición de líder de mi equipo, les pregunto en reunión: "Esto no fue hecho?".

Generalmente, para mí es obvio porque es importante que se haga. Pero es evidente que no es tan obvio para la otra persona.

No hay manera de que tus colaboradores te ayuden a hacer crecer tu empresa, si no saben el porqué de las cosas. No hacer uso de este gatillo con tus empleados es como si ellos tuviesen que operar un paciente con la luz apagada. Nada es claro y se corren grandes riesgos de perder la motivación.

¿Cómo uso el gatillo mental del porqué?

Normalmente surge la pregunta "¿en qué momento uso este gatillo mental?". Mi respuesta siempre es la misma: en todo momento.

Hasta en esta línea para explicarte la importancia de este gatillo mental, lo utilicé.

Te conté historias, experimentos, justificaciones contundentes para terminar de convencerte de lo importante que es que lo apliques. Cuando justificás ideas, en términos de credibilidad, aumentás la probabilidad de que la otra persona compre tu idea.

Cuando justificás alguna cosa, tendrás el permiso para hacer otras cosas.

Te doy un ejemplo que se conoció a través de un experimento. Este fue realizado por la psicóloga Ellen Langer y su equipo en Harvard.

El experimento funcionó de la siguiente forma: una persona intentaba colarse (adelantarse) en una fila en tres situaciones posibles.

Situación 1: Sin justificación.

La primera vez, la persona simplemente pedía permiso para adelantarse, pero no daba ningún tipo de explicación.

Situación 2: Justificación fuerte.

En la segunda situación, la persona pedía adelantarse, pero esta vez con una justificación fuerte, explicando que estaba llegando tarde al trabajo.

Situación 3: Justificación débil.

En la tercera situación, la persona pedía adelantarse con una justificación débil del tipo: "Solamente tengo que dejar algo".

Sorprendentemente la justificación débil o fuerte poco importaba para las personas que estaban haciendo la cola, lo importante para ellas era la justificación, el porqué.

Mirá el resultado y constatalo:

Situación 1:

60% de las personas permitieron el adelantamiento de la fila.

Situación 2:

94% de las personas permitieron el adelantamiento de la fila.

Situación 3:

93% de las personas permitieron el adelantamiento de la fila.

Esto significa que dar una justificación fuerte con relación a una débil solamente elevó el resultado 1%. Mientras que no explicar el porqué de ninguna forma tuvo 30% de diferencia en el resultado total.

Entonces, en tu negocio es importante que siempre te justifiques.

1. ¿Por qué estás pidiendo que compren?

2. ¿Por qué estás dando este descuento?

3. ¿Por qué tu producto es escaso?

4. ¿Por qué estás contando esa historia?

¿Por qué digo que el gatillo mental del porqué es un intensificador?

Joseph Sugarman, responsable de vender las primeras calculadoras portátiles y relojes digitales, además de crear demanda para esos productos, acostumbraba a decir una frase que resultó famosa:

"Las personas actúan por la emoción y justifican con la razón".

El hecho de tener dos cerebros (uno emotivo y otro racional) hace que uno predomine sobre el otro. El emocional es el más fuerte. El que comanda. Pero no quiere decir que el racional no intervenga. Cuando trabajás en el gatillo mental del porqué, hacés que tu razón no se interponga a la hora de tomar decisiones.

Como dije al comienzo del libro, no quiero pasar por presumido, pero poniéndome como ejemplo, yo siempre estoy haciendo eso. Inclusive, si ves mis videos de lanzamiento del curso Oratoria para Inconformistas, ahora que estás entrando en contacto con los GATILLOS MENTALES, sería bastante interesante que identifiques cuáles de ellos estoy usando.

COMPETENCIA

Mira con los ojos de otro,
escucha con los ojos de otro
y siente con el corazón de otro.

Alfred Adler

Cuando participás de algún juego, compitiendo en algún deporte, cuando estás haciendo una prueba para ingresar a una universidad y hay pocos lugares, pasando por un proceso de selección de personal donde solo hay un puesto en juego, por ejemplo, vos querés ser el/la mejor, ¿no?

Querés ganar.

Entonces, probablemente deberás entrenar más, estudiar más o realizar lo que sea necesario para garantizar un buen desempeño en lo que estás compitiendo.

Estimular la competición hace que las personas den lo mejor de sí.

Este es un gatillo mental muy usado cuando hay que lidiar con asociados, afiliados, esto es, cuando las otras personas promueven tu producto o servicio.

Cuando vos hacés un lanzamiento en el que tus clientes te promueven, por ejemplo, crear un ranking (de primero, segundo, tercer lugar...), hará que las personas entreguen el máximo posible.

Es natural que el ser humano quiera ser el primero. Entonces si vos, como buen FRANCOTIRADOR, apretás ese gatillo, harás que tus clientes accionen y se esfuercen para lograr el mejor resultado.

La competencia también es una clave importante para evitar la postergación y garantizar que no vas a fallar en algo que necesitás hacer.

Si vos y otra persona tienen algo muy importante para hacer, ustedes pueden realizar una competencia para ver quién termina esa tarea primero.

De esta forma, aunque pierdas saldrás ganando, ya que ambas personas pondrán el máximo esfuerzo en aquello que necesitan realizar.

Con el prospecto o cliente, una manera de usar el gatillo mental de la competición es, por ejemplo, cuando necesitás alguna información importante para tu negocio y hay que recolectarlas por medio de una búsqueda.

Podés ofrecer premios para las mejores respuestas. De esta forma, también obtendrás respuestas de forma eficiente, porque responderán de la mejor forma posible instigadas por la competición.

Cuando doy este concepto en clases, hago el siguiente ejercicio:

Agarro un billete de $100 y les explico que lo voy a subastar al más alto postor.

Pueden pujar en incrementos de máximo $10. El valor más alto se lleva los $100 pesos. Entonces, si el postor más alto ofrece $30 pesos, esa persona me paga ese dinero y yo le doy los $100.

El único problema es que el segundo mejor postor también me tiene que pagar, de manera tal que si el segundo postor me ofrece $25, me los tiene que dar y no recibirá nada a cambio.

Después de haber hecho este ejercicio varias veces en clases, logre identificar un patrón. Al principio muchas personas participan. Están todos entusiasmados por sacarle la plata al profe. A medida que nos acercamos a los $100 casi todos dejan el juego y solo quedan dos postores. Digamos que el licitante A y el licitante B.

Ejemplifiquemos que el A me ofreció $80 y el B $90. Si nos detenemos en ese momento el B gana $10, y el A pierde $80. Es ahí, cuando el A se da cuenta de que si ofrece $100 sale empatado, entonces sin dudarlo levanta su brazo y canta el número a viva voz. ¡Pero el B reconoce que si ofrece $110 solamente pierde $10 en vez de $100!

Es muy común que la subasta termine llegando hasta los $200 hasta que uno de los dos dice algo así como... "Che, vamos a estar hasta el infinito así".

Esto según la Harvard Business Review se llama excitación competitiva.

Hay muchísima presión, pensá, estás frente a toda la clase, pagando más de lo que debías, sos el centro de la atención, no podés perder.

Ese es el poder del gatillo de la competencia, mucho cuidado en no caer en tus propios trucos.

DESPRENDIMIENTO
DESAPEGAMIENTO

La mejor manera de imponer una idea
a los demás es que piensen que han sido ellos
los que la han generado.

Alphonse Daudet

Usando este gatillo vas a demostrarle a las personas que su compra es más importante para ellas que para vos.

Esto hará que ellas estén muchísimo más interesadas en lo que vendés, sin la necesidad de que estés insistiendo por demás.

En tu oferta, debés ser transparente para que tu prospecto se dé cuenta de que el mayor beneficiado con tu producto o servicio es él y no vos.

¿Cómo vas a hacerlo?

Cuando, por ejemplo, hacés un video de oferta, hablás sobre todos los beneficios que tu producto o servicio tiene y qué tipo de resultados entregás a tu prospecto.

Después, al final, NUNCA implores para que te compre, apenas termina tu oferta con: "Eso es todo, esta oferta va a estar disponible por algunos días más, si decides comprarlo".

Tenés que ser capaz de hacer que tu prospecto vea que aquello es una oportunidad para él.

Debés estar preocupado en transferir para él/ella informaciones sobre el valor que va a recibir, cómo transformará su vida, pero dejá que él decida si quiere o no comprar. No seas agresivo. Recordá que la agresividad para la venta o persuasión es algo que te enseñaban en los 70. El mundo cambió, el mercado cambió y obviamente los vendedores tenemos que cambiar.

Después de todo, si hay una gran oportunidad, ¿por qué insistir?

Quien tiene una oportunidad muy buena para alguien no implora por el amor de Dios para que esa persona lo tome.

Si vas implorar "por favor, mira mi oferta, es muy importante para vos, mírala", puede que en algún momento logres convertir, pero también irritar a tu prospecto.

Hace un tiempo, hubo un ejemplo de cómo este gatillo puede traerte muchos beneficios y no solamente en los negocios.

Resulta que uno de mis mejores amigos estaba de novio con una chica de una ciudad cercana a Rosario, San Nicolás, ellos estaban de novios hacía aproximadamente dos años. Luego de una discusión y por una supuesta acción de mi amigo, la chica decide dejarlo.

Dos meses después de la separación, mi amigo me cuenta que había viajado todos los fines de semana en colectivo hasta la ciudad de San Nicolás para intentar explicarle la verdadera situación. Ella no estaba dispuesta a oírlo y los intentos eran completamente ineficientes. Cuando me describe lo que había estado haciendo le dije que fuera comprometido con la situación, pero desapegado del resultado. Que no vaya más hasta San Nicolás a intentar explicar la situación, sino que le escriba un mail con todo lo que tenía para decirle y que como asunto ponga "último intento que hago de explicarte las cosas". Ese mail fue extenso, muy extenso. Pero él se comprometió con la situación y escribió todo lo que tenía para decirle.

Durante semanas no tuvo respuesta, pero la curiosidad del título del mail hizo que ella lo leyera y comprendiera que realmente la situación no era como lo había percibido en un principio. Llegado el fin de semana posterior a la lectura ella vino a buscarlo a Rosario y hasta el día que escribo estas páginas siguen juntos y muy felices.

¿Se ve como en esta historia hay compromiso, pero también un desapego del resultado? "Esta es la última vez que te escribo" y realmente iba a ser la última. Sin atosigar, sin implorar, eso llama muchísimo más la atención.

En inglés este proceso es llamado *take away sale,* la idea de que la oferta sea limitada es que la persona pueda perderla. Eso hará que tenga voluntad de comprar.

SIMPLICIDAD

*En verdad, lo pesado es el sustento de lo liviano.
Y la serenidad es el poder capaz de controlar
la impaciencia. Por lo tanto, el Sabio, aunque
viaje todo un día, nunca abandona su punto de
partida. Aunque se halle rodeado de magnificencia,
jamás se aparta de la simplicidad.*

*Por ello, un rey poseedor de diez mil carros nunca
se debe comportar con trivialidad en su imperio. Si se
es trivial, se pierde el sustento. Y si se es impaciente,
se pierde la capacidad de controlar.*

Lao Tse

"Hacer simple lo complejo", me dijo Nacho Franchini, uno de los directores creativos más importantes de América Latina, en una entrevista que le hice hace unos meses.

Siempre lo simple es mucho mejor que lo complejo. Para que entiendas, no somos ni Nacho ni yo los que te decimos eso, es tu cerebro.

Cuando tenés que realizar alguna tarea, llegar a algún lugar, y podés hacerlo de más de una forma, ¿Elegís la más difícil? ¿La más simple?

Eso no se llama falta de motivación ni nada por el estilo, es un factor científico. Nuestro cerebro opta siempre por la economía de la energía.

Cada acción que realizas a lo largo de tu día consume una parte de tu energía, desde las acciones más simples, como vestirte, hasta las más complejas, como resolver un problema del trabajo.

Con relación a tu prospecto, la simplicidad debe estar presente desde que empezás a dirigirte a él.

Una frase que me gusta mucho: "Si algo es demasiado difícil de explicar, probablemente no sea una buena idea".

Si necesitas mucho tiempo para explicar de qué se trata tu producto, cómo funciona, por qué lo estás vendiendo, probablemente tu comunicación no es lo suficientemente simple como para que el cliente la comprenda por completo. Cuanto más simplifiques la comunicación, mejor.

Después de haber estudiado mucho sobre el tema, te digo que hagas exactamente lo opuesto a lo que te enseñaron en el colegio o la facultad, no uses palabras difíciles o rebuscadas, siempre serás mejor entendido y conseguirás mayor atención si empleás un lenguaje simple.

A las personas les gusta mucho mirar un texto, escuchar un video y entender y comprender fácilmente lo que se está explicado. Lo mismo vale en el caso de que tengas que diseñar una web, por ejemplo, eliminá todo lo que no sea necesario y dejá solo lo esencial.

Cuando dos personas no logran entenderse, por ejemplo, cuando una persona que no tiene un conocimiento jurídico consulta a un abogado y éste le explica la estrategia procesal, se produce algo que en oratoria llamamos "ruido semántico".

El ruido semántico es justamente cuando hay una interrupción en nuestro mensaje porque el cliente o prospecto no entiende lo que estamos diciendo.

La simplicidad no vale solamente para los contenidos que vos creas, sino también para los productos que hacés.

¿Te diste cuenta de por qué las personas normalmente quedan tan abrumadas con los poderes de la tecnología?

Porque difícilmente las invenciones y evoluciones vienen a complicar la vida de las personas. Generalmente, la palabra más utilizada en discursos tecnológicos cuando se trata de desarrollar algo nuevo es simplificar.

A las personas les gustan mucho las cosas que son fáciles de usar, contenidos simples de aprender. La complejidad puede ser el abismo que separará a tu prospecto de la compra de tu producto o de tu servicio.

Uno de últimos libros que leí fue *Pensar Rápido, Pensar Despacio,* de Daniel Kahneman, ganador del Premio Nobel. Este libro muestra muy claramente lo que te comenté hace unas líneas. El ser humano siempre busca el camino más simple para alcanzar las cosas que desea y eso termina influyendo en la economía personal, en los negocios y, muchas veces, hasta en las parejas. Daniel muestra, a partir de estudios, cómo la pereza afecta nuestras decisiones.

Este es uno de los gatillos que más se usan en el marketing digital y la finalidad es hacerle ver al prospecto cómo vamos a solucionar su problema de una manera muy simple. Por ejemplo, un curso online que se titule "Los cinco pasos mágicos para crear un negocio y tener éxito".

Este ejemplo nos dice que solo son necesarios cinco pasos para armar un negocio y tener éxito. Simplifica lo complejo que es tener un negocio. Este tipo de enunciados le encanta a nuestro cerebro.

¿Conoces el libro *Los 7 hábitos de la gente altamente efectiva,* de Stephen Covey? Es un best seller, con millones de copias vendidas por el mundo. ¿Cuál es el mensaje del libro? Muy simple, "¿te gustaría ser altamente eficaz? Voy a enseñarte los 7 hábitos para eso. Solamente 7 hábitos que te convertirán en una persona altamente eficaz".

¿Entendiste el poder de este gatillo mental? Fantástico, ¿no?

Existe en una fórmula llamada Flesch-Kincaid, que muestra el grado de lectura de tu texto. Esta fórmula calcula la edad de tus textos.

Por ejemplo:

1. Esta es una frase grandiosamente compleja, escrita con el propósito tal de tener un alto grado de lectura.

2. Esta es una frase compleja, escrita a propósito para tener un grado alto de lectura.

3. Esta es una frase simple, tiene un grado de lectura baja.

La primera frase tiene una complejidad que personas de 21 años deberían comprenderla, la segunda, una complejidad para ser entendida por una de 18 años, y la tercera por una de 10 años.

Si analizas los mensajes de las grandes empresas que tienen el mayor volumen de venta, la mayoría de ellas están hechas para personas de 12 años.

Recordá que una de las funciones de la comunicación es desarmar las objeciones de tu cliente.

Entonces, optá siempre por lo simple, tanto con relación al producto o servicio en sí, como a la forma con la que comunicás tu mensaje.

ESPECIFICIDAD

Sé suficientemente específico para ser creíble y suficientemente universal para ser relevante.

Ann Handley

Ser más específico puede aumentar 34,8% tu credibilidad y eso es una noticia increíble para tu negocio.

Cuanto mayor es el grado de confiabilidad que tenés y transmitís a tu audiencia, más chances de vender.

Gran parte de las personas que conozco dejan pasar innumerables oportunidades de aplicar este gatillo mental. Eso sucede, principalmente, porque esas personas no tienen idea de cómo ser más específicos.

Este gatillo hace que más personas crean lo que estás diciendo, eso sucede porque al ser especifico, las personas tienden a creer que lo que estás diciendo es cierto.

En 1986 los investigadores Jonathan Shelder y Melvin Manis, de la Universidad de Michigan, en los Estados Unidos, hicieron un experimento.

Ellos crearon un juicio simulado para decidir si una madre debiese tener o no la tenencia del hijo de 7 años.

Cada miembro del jurado recibió ocho argumentos a favor y ocho argumentos en contra. Aunque eran los mismos, un grupo recibió una versión en la cual los argumentos a favor contenían muchos más detalles.

Un ejemplo de esa alteración es que en la versión sin detalles hablaba de que la madre ayudaba al hijo a cepillarse los dientes antes de dormir y la versión detallada agregaba que "el hijo usaba un cepillo de dientes de Star Wars y que tenía forma de Darth Vader".

El resultado fue que, pese a que los detalles no cambiaban el argumento, los jurados que leyeron la versión más detallada tuvieron una reacción más favorable.

La especificidad aumentó 34,8% la credibilidad de la madre.

Este es un gatillo que genera mucha confianza. Cuanto mayor sea el grado de especificidad, más personas creerán en vos.

Por ejemplo, si yo te digo: "Tuve más de dos mil comentarios en un video que subí a Instagram", las personas van a tender a creerme menos que si digo: "tuve 2.645 comentarios".

Siempre que des información a tu prospecto es necesario que sea lo más específica posible, porque así construís confianza y demostrás firmeza en lo que estás diciendo.

Esa especificidad puede ser cruzada con otros gatillos como por ejemplo el de la prueba.

Cuando le pidas a un cliente que deje un testimonio para tu negocio, cuanto más específico es respecto de los resultados de tu producto o servicio y sobre quién es él, más confianza tendrá tu prospecto sobre ese discurso.

Lo mismo sucede cuando usás un estudio, un experimento o una investigación para reforzar el mensaje.

Si das los detalles de lo que estás hablando y sos específico sobre la importancia que tiene ese dato, más credibilidad tenés como persona y, por ende, generás más verosimilitud.

Acordate que tu objetivo es conquistar la confianza de tu prospecto y nadie lo logra si es evasivo.

Mirá la diferencia entre estas dos publicidades:

Ejemplo 1: "Somos la mejor empresa de limpieza de ventanas de toda Argentina, su ventana 100% limpia".

Ejemplo 2: "Limpiamos ventanas de edificios utilizando el producto X y la tecnología exclusiva Deep Clean, que permite limpiar 2 metros de ventana por minuto. Como una ventana tiene en promedio 5 metros, en apenas 2,5 minutos ella está completamente limpia. Dicho esto, en una jornada de trabajo de 8 horas es posible que limpiemos hasta 192 ventanas. Con nuestra tecnología diferenciada, el costo es de solo $3 el metro, ¡lo que se traduce en un valor total de apenas $2.880 para las 192 ventanas!".

Se nota desde muy lejos cual es la mejor alternativa.

¿Cómo generar especificidad de forma didáctica?

Utilizar una analogía adecuada puede agregar especificidad de forma didáctica a lo que estás diciendo.

En el libro *Ideas que pegan,* Chip Heath y Dan Heath cuentan por qué debes utilizar analogías para aclarar conceptos difíciles para ser explicados simplemente con palabras.

¿Sabes quién sabía cómo hacer eso?

Buda. Hay una enseñanza budista muy interesante que es la historia del zorro y la tortuga. Un día un zorro andaba caminando por el bosque y se encontró con la tortuga. En ese momento él pensó: "Que rico almuerzo".

La tortuga miró el zorro y adivinó: "Ese zorro quiere comerme". La tortuga tenía dos posibilidades. La primera era correr. Pero la tortuga, consciente de su velocidad, sabía que sería fácilmente alcanzada.

La segunda opción era esperar. Ella pensó: "La mejor opción que tengo es quedarme acá, meterme adentro del caparazón y dejar que el zorro se me acerque todo lo que quiera".

¿Qué sucedió? El zorro rodeó la tortuga por casi tres horas, pero eventualmente se cansó y se fue.

¿Esta historia es especifica? En mi opinión, sí. ¿Pudiste ver el zorro olfateando la tortuga mientras ella estaba adentro de su caparazón? No sé qué te pasó a vos, pero mientras te relataba esta historia, logré ver el zorro intentando alcanzar la tortuga por el agujero del caparazón con el hocico.

También logré ver la tortuga calma, esperando. Esa es una historia especifica.

Ahora, ¿puedo hacer esa historia más específica?

Por ejemplo, "la tortuga estaba caminando por la selva un día de sol". ¡Epa! Si yo digo un día de sol, hace que puedas visualizar el calor que hacía en ese momento. Esa es la habilidad del guionista de historias.

Cuando das detalles a las personas sobre lo que estás diciendo, permitís que ellas encuentren por sí mismos esas informaciones y así tenderán a creer en vos.

Por ejemplo, cuando hablé de los testimonios de tus clientes, si ellos dicen su nombre, apellido, profesión, de dónde son y cuáles fueron los resultados que tuvieron con tu producto, es decir, son lo más específicos posibles, y tus futuros clientes puedan encontrarlos por sí mismos y verificar si es verdad lo que contaron, el refuerzo de la confianza en lo que es contado será muy alta y consecuentemente, lograrás que él crea en tu negocio.

EMOCIÓN

Al tratar con gente, recuerda que no estás tratando con criaturas de la lógica, sino con criaturas de la emoción, criaturas repletas de prejuicio y motivadas por el orgullo y la vanidad.

Dale Carnegie

La emoción es un gatillo mental difícil de poner en el mensaje, pero es muy importante y debe, siempre que se pueda, ser tenido en consideración por un FRANCOTIRADOR.

Normalmente, este gatillo mental deriva de la historia.

La historia por sí ya es muy potente, pero cuando es contada desde una forma eficiente es capaz de desencadenar emociones que permiten que otra persona sienta esa experiencia, aun cuando ella no esté vivenciándola.

Por eficiente quiero decir bien estructurada, con personajes definidos, hechos y argumentos bien explicados con respecto a la trayectoria, que permiten que las personas que escuchan sientan las emociones vividas por el personaje principal.

Quiero que te pongas a pensar en tu película favorita, en cuál fue el verdadero motivo que haya hecho que te marque para toda la vida. Te garantizo que esa razón está ligada a alguna cosa que te hace sentir.

Para verificar el poder que tienen las emociones por medio de historias pensemos en lo más top que se nos viene a la cabeza: Hollywood.

No es por casualidad que esa industria está tan bien económicamente.

Las mejores historias, inclusive, son las que logran despertar más de una emoción: reír, llorar, entusiasmarte, te pone pensativo, en fin.

Mi película favorita es *Intouchables*, una película que me hizo reír, llorar, tensionarme, sentir muchas cosas en tan solo dos horas.

Cuantas más emociones logres hacer que tu prospecto sienta, más atención va a prestarte y más conexión generarás.

Vuelvo al centro de este libro, es necesario para que seas un verdadero Francotirador que a veces hagas una conexión de gatillos para que estos realmente funcionen.

Cuando yo te hablé sobre prueba, te dije que una de las maneras de obtenerlas es a través de Estudios de Caso. Estos testimonios son, simplemente, personas que tuvieron una vida transformada por tu producto o servicio.

¿Se ve la conexión?

Si el estudio del caso está bien estructurado, no solo te servirá como prueba para tu negocio sino también será capaz de emocionar a la persona que lo mira, conectarla con vos, tu negocio y obviamente con las posibilidades que ofrece.

Aparte de la cuestión emocional, el hemisferio derecho de tu cerebro, el subconsciente, es responsable de 95% del pensamiento humano. Entonces, no es negligente el hecho de que debas pensar en la mejor forma de contar tus historias, porque de ella deriva la mayor cantidad de emociones.

CREENCIA

*El hombre a menudo se convierte
en lo que cree ser.*

Gandhi

"La fuerza de una persona con una creencia equivale a 100.000 que solamente tienen interés". Quien dijo eso obviamente no fui yo, fue John Stuart Mill, filósofo y economista británico, pero me veo en la obligación de darle la derecha.

Hay un dicho que dice que es necesario "ver para creer" pero yo acostumbro a decir que es necesario "creer para ver".

¿Cómo, cómo?

Claro, en tu negocio debés ser capaz de hacer que las personas crean en los resultados que les estás prometiendo, para que ellas puedan realmente verlos.

En los workshops de Oratoria para Inconformistas, muestro testimonios de personas que lograron resultados increíbles con la metodología flow, que es la que aplico en el curso para que los futuros alumnos crean que realmente es posible. Creer es el primer paso para realizar.

Las personas tienden a seguir a otras personas que creen en los mismos valores e ideales. Luego, en el mensaje, debes hablar sobre lo que vos creés.

En mis videos, hablo de lo que yo creo. Hablo de lo que yo creo que es la oratoria, la persuasión y como las ventas son capaces no solamente de potenciar tu negocio sino también cómo construirlo a partir del discurso, cómo desde que venís a mis cursos tu vida cambia y a partir de ese cambio se llega a algo que es hermoso, la libertad.

Esa creencia debe ser real. En mi caso, yo viví eso, la oratoria y la persuasión realmente cambiaron mi vida.

Cuando hablás sobre tus creencias, atraés a personas que creen en lo mismo que vos. Al mismo tiempo terminás alejando a las personas que no creen en vos.

Esto no es malo, porque vos querés atraer a tu negocio o a tu tribu a personas que creen en tu producto y que realmente piensan que pueden transformar su vida a través de alguna forma, porque son las personas que se convertirán en tus clientes.

Los GATILLOS MENTALES no sirven para convencer a cualquier persona de comprar tu producto o servicio. Están hechos para facilitar el proceso de decisión de aquellas personas que realmente se pueden beneficiar de él.

MULTICANAL

Los hombres que han cambiado el mundo no lo han conseguido reemplazando a los gobernantes, sino siempre agitando a las masas.

Napoleón Bonaparte

La mayoría de nosotros somos altamente curiosos, siempre queremos saber las últimas novedades de todo. Hay un estudio del profesor George Loewenstein que muestra que, cuando hay algo que queremos saber, vamos a buscar todas las informaciones necesarias para intentar saciar esa duda o falta de conocimiento. Eso se llama Teoría de Gap de Información.

¿Qué hacemos cuando dudamos de un tema? Apuesto que no te vas a la biblioteca local en búsqueda de enciclopedias... simplemente entrás en Google... y ahí está la ventaja del multicanal. Agarrá tu celular y buscá "Franco Pisso", es probable que te salga mi web, mi Linkedin, mi canal de YouTube, mis notas, mi podcast de Spotify, todo eso está 100% disponible para saciar los vacíos que tenés sobre un tema que yo doy. En diferentes modalidades, escrito, con video, con audio.

Pero esa no es la única ventaja del multicanal...

Las personas tienden a confiar más en lo que ellas encuentran en diversos ambientes. En el curso de ventas lo llamo "regla de familiaridad".

Cuanto más te ven las personas y escuchan hablar de vos, más credibilidad tienden a darte.

Luego, en tu negocio, tenés que operar siempre en multicanal.

¿Qué significa eso?

Estar presente en Facebook, YouTube, tener un blog, un podcast, todo eso ayuda a construir la confianza de las personas en vos, porque ellas pueden encontrarte en diversos canales.

Me imagino que debés estar preguntándote: ya es difícil generar contenido y construir una audiencia en una plataforma, ¿cómo voy a hacer para operar en todas?

Bueno, cuando subís un contenido a YouTube, por ejemplo, podés replicarlo para Facebook, como también el audio de tus videos para un podcast.

Claro que es interesante crear contenidos exclusivos para cada una de las plataformas, pero no necesariamente cada una de las veces que subas un post tiene que ser diferente en cada plataforma.

Por ejemplo, si haces un video para YouTube podés compartirlo en Facebook, crear un post escrito sobre el mismo tema en el blog y generar un audio para el podcast.

Cada uno adaptado para el tipo de plataforma en la que está siendo publicado, pero sin, necesariamente, hablar sobre asuntos diferentes.

Aparte del gatillo del multicanal, aumentar la confianza de tu prospecto en vos también trae seguridad para tu negocio.

Este es un problema que suelo tratar con mis alumnos emprendedores que se dedican a subir contenido a una única red social. Quiero que pienses y reflexiones sobre esto: Facebook, YouTube, iTunes, Twitter son plataformas de las cuales vos no sos propietario. Si los dueños se levantan cruzados algún día y cambian la política, corrés el riesgo de perder tu canal y en consecuencia tu audiencia o tribu.

Si construís tu audiencia solamente en una plataforma es como si estuvieses construyendo un castillo en un terreno que no es tuyo. Pero, si diversificás los medios en los que te estás presente, tenés muchos menos riesgos de perder tu audiencia.

¿Y cómo atraer a las personas a los diferentes medios?

Cuando subís un contenido en uno de estos canales, invitá a tu audiencia a inscribirse también en tus otras plataformas en las cuales estás presente, de esta manera, dejás de mantener tu audiencia en una única plataforma.

VIAJE SUBLIMINAR

No se nos pregunta si queremos jugar. No es esa la opción. Tenemos que jugar. La opción es: cómo.

Anthony de Mello.

El cerebro humano muy difícilmente logre diferenciar una memoria, una imagen y un hecho real. Por ese motivo, el poder de la imaginación es tan fuerte.

Imagínate en este momento que estás en una playa, sentado en una reposera frente al mar, descalzo, sentís la arena en tus pies y una brisa suave que te pega en el rostro.

¿Lo sentiste? Si realmente lo sentiste, también te diste cuenta del poder que tiene la imaginación.

Si juntas esto con oratoria, podes transformar la vida de mucha gente, pero en la práctica, ¿qué es esto del viaje subliminar?

Cuando usas el gatillo mental del viaje subliminar, hacés que la persona se imagine que está en un lugar o sintiendo alguna sensación.

Esto puede ser hecho por medio de guiones, pero es más eficiente cuando usás imágenes.

Hay un experimento que muestra que cuando apretás el gatillo mental del viaje subliminar, aumentás 73% la probabilidad de que la persona diga "sí".

Esto funciona de la siguiente manera: en un barrio de los Estados Unidos todavía no había televisión por cable y una empresa prestadora del servicio hizo un testeo con dos campañas diferentes.

En la primera de ellas se relataban los beneficios de la televisión a cable y en la segunda ellos usaban dos palabras antes de decir que era lo que el servicio proporcionaba y las palabras eran "vos imaginate".

Entonces, el discurso de la segunda campaña era más o menos así: Vos imagínate estando frente a una televisión por cable que puede ofrecerte más entretenimiento y más información. Detenete un momento e imaginate como, en vez de gastar plata en nafta, niñera y tener que lidiar con las incomodidades que tenés todas las veces que salís de tu casa, vas a tener más tiempo con tu familia, también para estar solo y quién sabe, también con tus amigos…

El guion transporta a las personas a esa situación, por medio de la imaginación, usando la expresión "vos imaginate".

En comparación, la primera campaña hablaba sobre los mismos beneficios, pero sin pedirle a la persona que se imaginara en la situación. La segunda fue 73% más efectiva, haciendo que las personas que vieron el comercial contrataran el servicio de televisión por cable.

Conseguir que la persona viaje, se imagine en una determinada situación es mucho más poderoso que relatar las características de un producto o servicio.

Aparte de eso, en tus videos, las personas terminan prestando mucha más atención, interpretando y juzgándote no solamente por lo que decís, sino también por lo que ellas ven a tu alrededor.

Entonces, por ejemplo, cuando yo muestro en un video que estoy en un lugar lindo, mi lugar de trabajo, un salón de clases, en fin, las personas asumen cosas.

Los miembros de la audiencia harán intuitivamente asociaciones no solo con lo que digo, sino también con el *background* de lo que el video dice, y, así, pueden asumir, por ejemplo, que estoy todo el día dando clases a auditorios muy grandes, que las personas pagan para verme e inclusive viajan desde muy lejos para tomar una clase conmigo.

Para que tengas más referencias al respecto, quiero que recuerdes algunas propagandas de automóviles. Fíjate que siempre en este tipo de publicidades la persona que está manejando está sonriendo, normalmente sus dientes son blancos, es flaco y tiene la característica que parece que va a conquistar el mundo gracias a su confianza.

¿Qué le dice esa publicidad a mi sistema límbico?

Que si me compro el mismo auto voy a tener esa misma autoestima y me voy a sentir igual de bien que ese muchacho lindo y flaco. Estos son algunos de los ejemplos de imágenes que podés crear en la mente de tu cliente. En la televisión, este tipo de publicidades es muy efectivos, por eso se siguen utilizando hasta el día de hoy (independiente de la marca).

Pensá en crear una comunicación como esta:

"Imagínate que estás en tu escritorio, en el último piso de un edificio espejado y tenés una vista panorámica de la ciudad. Te sentás en tu mesa y en uno de tus dos monitores, ves el reporte en tiempo real de cómo tu empresa no para de crecer, día a día. Con todo lo que lograste conseguir y construir, abrís la ventana, sentís que el viento fresco te da en la cara. Finalmente estás tranquilo porque lograste construir lo que siempre soñaste. Ahora tenés el tiempo y dinero que necesitás. No sos más un esclavo del sistema y sí el dueño de tu propia vida".

Ese es el tipo de sensaciones que querés que tu cliente imagine y sienta que es real.

Cuando activás el viaje subliminar, creas esa sensación, el prospecto ya siente que eso que imaginó le pertenece.

Esto puede hacer que ellas se imaginen que, si aceptan tu propuesta, también se encontrarán en el futuro en una situación mejor.

INTIMIDAD

*La carrera se hace en público,
el talento en la vida privada.*

Marilyn Monroe

En algunos gatillos que describí hasta acá, debés haberte dado cuenta de que es realmente muy importante aproximarte al prospecto, porque las personas tienden a comprar más a aquellas con las que sienten afinidad, inclusive con el gatillo mental del carisma, cité el estudio *Effects of a Favor and Liking on Compliance,* que comprueba esto.

El gatillo mental de la intimidad es uno de los que podés agregar a tu mensaje para que cause esa aproximación de tu prospecto.

Cuando compartís alguna cosa íntima, contás un secreto a una persona, ella tiende a ser tu amiga.

Normalmente, compartimos nuestra intimidad con los amigos, entonces como lo hacemos con nuestros prospectos, ellos también se sentirán íntimos y, consecuentemente, más próximos.

Las redes sociales permiten que construyas esa proximidad con tu público. Vos podés compartir no solamente trabajo sino también fotos de tu familia, contar sobre un hobby tuyo, hablar de un viaje que hiciste o que vas a hacer, todo eso sirve para aproximarte a tus prospectos y clientes.

Yo no sé en qué momento exacto estás leyendo este libro, pero hoy por ejemplo estoy cumpliendo la cuarentena por el Covid19. Puede que ya sepas inclusive el final de este virus y yo en este momento aún no lo sé. Pero hoy en día una red social que yo uso mucho para mostrar mi vida (aparte de mi contenido) es Instagram. Yo lo he usado para mostrar a las personas lo que me gusta hacer, como escribir, leer y, como te mencioné anteriormente: tomar mate. Ahí también mostré y compartí cosas personales y el *backstage* de mis conferencias.

Lo que más me llamó la atención fue cuando compartí uno de los momentos más felices de mi vida que fue el video de cuando le dije a mi papá,

hace unos años atrás, que me había recibido de abogado. Él no sabía que me recibía, fue una completa
sorpresa.

Compartí algo íntimo, completamente.

Entonces, intimidad es un gatillo mental muy
importante para generar esa aproximación entre vos
y tu prospecto.

INTERRUPCIÓN DEL PATRÓN

Eres tan increíble cómo te permites serlo.
Déjame repetirlo. Eres tan increíble cómo te
permites serlo.

Elizabeth Alraune

Imaginate lo siguiente: venís mirando tu red social de cabecera, estás entretenido con los mensajes y los memes que comparten tus colegas de trabajo, aprendiendo de los videos de algún referente que te gusta en algún tema de interés…

¿Por qué motivo te detendrías a mirar una publicidad sobre un curso de invertir en bolsa?

Excepto que seas una persona que se dedica exclusivamente al marketing digital y te interese estudiar una estrategia nueva, es realmente muy difícil que llamar tu atención si el patrón sigue siendo el mismo que estás acostumbrado a ver.

Qué pasaría si en vez de una publicidad tradicional, aparece un señor de unos 60 años, con bigotes canosos, en sunga al lado de una pileta, con un salvavidas puesto en la cintura con forma de pato color amarillo diciéndote: "¿Querés descubrir cómo ganar tres veces más plata de la que ganás hoy en día para poder comprarte cosas que solo te gustan a vos, como este hermoso inflable?"

Es una llamada simple, pero rompe completamente con el patrón. Seguro mientras lees estas páginas, recordaste alguna publicidad que realmente te llamó la atención. Hay una propaganda que vi hace unos meses de una marca que hasta el día de hoy recuerdo su nombre. Se llama "Squatty Potty". Básicamente vendían un soporte para liberar el intestino para ir de cuerpo más fácilmente, sin estreñimiento. Recomiendo que pongas Squatty Potty en YouTube y veas esa publicidad para terminar de comprender a qué me refiero con interrupción del patrón.

¿La publicidad es buena? Es discutible, pero lograron definitivamente romper el patrón. Sabes cuánto vendieron luego de haber emitido esa publicidad. 12,3 millones de dólares en ventas.

¿Ya escuchaste hablar alguna vez de lo que es flash mob?

Flash mobs son personas en lugares comunes del día a día –shoppings, paradas de colectivo, en algún rincón del subte– realizando una acción inusitada, en la que hay una quiebra de patrones, para llamar la atención con un mensaje.

Si sabés de qué estoy hablando, sabés que en el momento que ocurre un flash mobs todas las personas paran para prestar atención.

¿Por qué eso sucede?

Porque hay una quiebra en el patrón de lo esperado. Ninguna persona que está aguardando el subte se imagina, por ejemplo, que un grupo de personas comenzará a bailar salsa, ¿no?

Normalmente los flash mobs suceden para llamar la atención para algo importante. La interrupción de un patrón tiene ese poder de llamar la atención y sostenerla porque es algo completamente inesperado.

Un flash mobs que presencié y me marcó estaba relacionado con el reciclaje. En esa acción, una persona paraba para atarse los cordones en el patio de comida de un shopping y dejaba una botella de plástico en el piso, cerca de un tacho de basura.

Varias personas pasaban cerca de la botella, pero no la tiraban. Hasta que pasó una señora, la agarró y la tiró.

Luego de esa acción todas las personas que estaban trabajando en el shopping se pusieron una gorra color roja y comenzaron a aplaudir a la mujer. La finalidad era llamar la atención con darle importancia al reciclaje.

La interrupción del patrón tiene el poder de restablecer la atención de la persona. Cuando hacés algo en un patrón establecido, tu público va perdiendo la atención, pero si interrumpís ese patrón, boom, volvés a tener la atención de la persona.

Este gatillo opera junto con el gatillo mental de la sorpresa, porque cambiar el patrón es algo realmente inesperado.

Entonces, en tu negocio cuando quieras recuperar la atención de una persona en un video, por ejemplo, cambia de cuadro, de lugar, del fondo, interrumpí el patrón que acostumbras y ¡boom! tendrás toda la atención nuevamente.

Aclaración: tu interrupción del patrón debe ser congruente con lo que ofrecerás después. No podés subir a tus redes sociales para interrumpir con el patrón una imagen en negro que diga "sexo" si lo que tenes para ofrecer no tiene nada que ver con el sexo.

Hacer algo de ese estilo rompe por completo tu credibilidad.

Para cerrar la explicación de este gatillo, quiero decirte que solamente llamar la atención e interrumpir el patrón no genera ventas. Como vimos hasta ahora, siempre se requiere atención y acción. Este gatillo siempre genera atención, ahora falta que lo complementes con algún otro gatillo que genere la verdadera acción y la compra definitiva.

HECHOS DE TERCEROS

Si el emperador me quiere, que me pague, pues
solo el honor de estar con él no me alcanza.

Amadeus Mozart

Tus acciones y lo que decís puede tranquilamente generar confianza entre vos y el público, pero cuando otra persona dice algo sobre vos y la calidad de tus resultados, esa confianza no es solo reafirmada sino también es ampliada.

Este gatillo mental se llama hechos de terceros y es otra manera de aumentar la credibilidad y confianza entre las personas.

Por ejemplo, cuando hay un reconocimiento sobre mi trabajo en algún diario o revista digital que dice que muchas personas superaron sus miedos de hablar en público y también potenciaron sus ventas a través de mis cursos, eso es un hecho de terceros. No soy yo mismo ni mis clientes los que lo están diciendo.

Esa información por sí sola ya atribuye credibilidad a mis conocimientos. Por lo tanto, cuanto mejor reputación tenga ese tercero, diarios, premios, etcétera, más aumentará la confianza del público.

Los hechos de terceros ayudan a darle brillo a lo que estás diciendo. No sos vos, únicamente, el que está afirmando lo que lograste hacer, sino que también es el respaldo de alguien que puede comprobar eso.

Otra forma de usar los hechos de terceros es con citas de otras personas para reafirmar las informaciones que estás dando. Yo uso muchísimo eso en mi día a día, cuando quiero dar un mensaje sobre determinado asunto, en mis posts, en mis videos, uso citas de personas que hablaron del asunto.

Cuando quiero comprobar algún ejemplo de lo que estoy dando, cito experimentos realizados por otras personas. Inclusive acá, en este libro, lo hice algunas veces.

Los hechos de terceros son un gatillo mental muy importante y como buen Francotirador, debés propiciar la posibilidad de disparar.

CONCLUSIÓN

*Un anciano peregrino recorría su camino
hacia las montañas del Himalaya en lo más
crudo del invierno. De pronto se puso a llover. Un
posadero le pregunto: "¿Cómo has conseguido
llegar hasta aquí con este tiempo de perros, buen
hombre?". El anciano respondió alegremente:
"Mi corazón llegó primero y al resto de mí le ha
sido fácil seguirle".*

Anthony de Mello

Estas son las herramientas que necesitás para convertirte en un FRANCOTIRADOR de la persuasión por excelencia. Hasta ahora, solamente se los había enseñado a mis clientes, pero a partir de este libro vos también podés ponerlos en práctica.

Recordá que en la explicación de muchos GATILLOS MENTALES hice referencia al uso asociado de la integridad. A pesar de que solamente lo hice en algunos de los que te expliqué, vale absolutamente para todos ellos.

¿Por qué?

Porque las técnicas de persuasión sirven para elevar tus chances de vender, no para mentirle a las personas que pueden llegar a ser tus clientes.

Muchas personas se confunden persuasión con manipulación. Persuadir a alguien es convencer a la persona de que haga alguna cosa sin que tengas la voluntad de perjudicarla.

Al contrario de eso, la manipulación pone a la persona manipulada en un nivel más abajo del manipulador, con la intención de dominarla.

El objetivo del uso de estos GATILLOS MENTALES es ayudar a las personas que pueden, de hecho, beneficiarse con tu producto o servicio, pero que necesitan atajos para tomar una decisión.

Los GATILLOS MENTALES son eficaces no solamente en el momento que aún no lograste tener un cliente. Podés usarlos en tu negocio online y en tu negocio físico.

Según Robert Cialdini, psicólogo estadounidense especialista en persuasión, "no es la información que lleva a las personas a tomar decisiones, pero sí el contexto en el que la información es presentada".

Los GATILLOS MENTALES que aprendiste en este libro sirven justamente para transformar la presentación de tu mensaje, esto es, trabajar en el contexto para aumentar las chances de que las personas te digan el tan ansiado "sí" a tus propuestas.

Ser un FRANCOTIRADOR y usar GATILLOS MENTALES es comprender que hay una forma más eficaz de dialogar y usar la oratoria, es la posibilidad de dialogar con el cerebro humano y de facilitar su proceso de decisión.

Siendo así, ahora tenés en tus manos las técnicas comprobadas para alcanzar cualquier resultado y sobre todo recibir un "Sí", consecuentemente, aumentando las ventas y conversiones.

Lograr estos objetivos no es el resultado de gastos financieros, pero sí de esfuerzo personal, autoconocimiento (como digo siempre en los cursos de oratoria) y de una inversión de energía que debés hacer para modificar tu mensaje.

Aprovechando que estamos llegando al final, voy a dejar una cita que me gusta mucho y que quiero que siempre te acuerdes cuando pienses en tu proyecto:

"Hecho es mejor que perfecto".

No esperes que esté todo perfecto para arrancar, para cambiar o para vender porque la perfección no existe y si esperás que ella llegue, nunca vas a cambiar nada. Mantenete rodeado de activos importantes y de ahora en más, la pelota la tenés vos.

¡Ah!, me olvidaba. Si querés tener acceso a contenidos gratuitos que produzco personalmente, seguime en las redes sociales.

Saludos, FRANCOTIRADOR, ¡yo creo en vos!

En cualquier momento de decisión, lo mejor que puedes hacer es lo correcto, la mejor cosa siguiente es lo incorrecto y lo peor que puedes hacer es nada.

Theodore Roosevelt

¡LIBROS RECOMENDADOS!

DUNBAR, Robin (2011). How Many Friends Does One Person Need? Faber & Faber.

DUNBAR, Robin (2007). La odisea de la humanidad: una nueva historia de la evolución de la raza humana. Editorial Crítica.

LE BON, Gustavo (2014). Psicología de las masas. Edición Morata.

ADAMS, Scott (2017). Win Bigly: Persuasion in a World Where Facts Don't Matter. Penguin.

GARVEY, James (2017). The Persuaders: The Hudden Industry That Wants to Change Your Mind. Canongate Books.

BARDEN, Phil (2013). Decoded: The Science Behind Why We Buy. John Wiley & Sons.

BERNE, Eric (2017). Juegos en que participamos. RBA Libros.

NETTLE, Daniel (2009). Personality: What Makes You the Way You Are. Oxford University Press.

CARTER, Rita (2014). The People You Are: The New Science of Personality. Little, Brown Spark.

TODOROV, Alexander (2017). Face Value: The Irresistible Influence of First Impressions. Princeton University Press.

URY, William (2007). Supere el No. Norma.

SELVA, Chantal (1997). La PNL aplicada a la negociación. Grancia.

DEMARAIS, Ann; White, Valerie (2005). La primera impresión. RBA Integral.

¡PELÍCULAS RECOMENDADAS!

Hambre de poder. Dirección: John Lee Hancock. Estados Unidos (2016).

Steve Jobs. Dirección: Danny Boyle. Estados Unidos (2015).

El lobo de Wall Street. Dirección: Martin Scorsese. Estados Unidos (2014).

Atrápame si puedes. Dirección: Steven Spielberg. Estados Unidos (2003).

Walt, el soñador. Dirección: Khoa Le. Estados Unidos (2015).

Historia de un matrimonio. Dirección: Noah Baumbach. Estados Unidos (2019).

Un despertar glorioso. Dirección: Roger Michell. Estados Unidos (2010).

Amigos Intocables. Dirección: Oliver Nakache, Eric Toledano. Francia (2012).

El juego de la fortuna. Dirección: Bennett Miller. Estados Unidos (2011).

Invictus. Dirección: Clint Eastwood. Estados Unidos (2009).

The Internship. Dirección: Shawn Levy. Estados Unidos (2013).

Pasante de moda. Dirección: Nancy Meyers. Estados Unidos (2015).

7 años. Dirección: Roger Gual. España (2016).

BIBLIOGRAFÍA

CARNEGIE, Dale (1936). How to Win Friends and Influence People. Simon & Schuster.

CIALDINI, Robert (2000). Influence: Science and Practice, 4° editions. Allyn & Bacon.

CIALDINI, Robert (2000). Influence: The Psychology of Persuasion, Revised edition, Harper Business.

URY, William & FISHER, Roger (1981). Getting to Yes, Penguin Books.

GOLEMAN, Daniel (1995). Emotional Intelligence, Bantam Books.

URY, William (1993). Getting Past No: Negotiating whit difficult people, Bantam Books; Revised edition.

RODRÍGUEZ ESTRADA, Mauro, y RAMOS, José Ramón (1994). Técnicas de negociación, McGraw Hill.

PEASE, Allan (2000). El Lenguaje del cuerpo, Amat Editorial.

BOOTHMAN, Nicholas (2011). Cómo caer bien a los demás en menos de 90 segundos. Ediciones Oniro.

EKER, T. Harv (2005). Los secretos de la mente millonaria. Editorial Sirio.

FINE, Cordelia (2017). Testosterone Rex, Myths of Sex, Science and Society. W. W. Norton & Company.

PRADEEP, A. K. (2010). The Buying Brain: Secrets for Selling to the Subconscious Mind. Wiley.

ZALTMAN, Gerald (2004). Cómo piensan los consumidores. Empresa Activa.

DAWKINS, Richard (2014). El Gen Egoísta. Las bases biológicas de nuestra conducta. Salvat.

MAXWELL, John (2000). Failing Forward, Nashville: Thomas Nelson.

CARNEGIE, Dale & associates (1995). The Leader in You. New York: Pocket.

ABRASHOFF, D. Michael (2002). It's Your Ship. Business Plus.

FERENSTEIN, Greg (2010). How Dana White Built a UFC Empire whit Social Media. Mashable.

BURGOON, J. K.; BULLER, D. B., & WOODALL, W. G. (1989). Nonverbal Communication: The Unspoken Dialogue. Harper & Row.

GREGORY, W. L., CIALDINI R. B., CARPENTER, K. M. (1982). Mediators of Likelihood Estimates and Compliance: Does Imagining Make It So? Journal of Personality and Social Psychology.

KAHNEMAN, Daniel (2011). Thinking, Fast and Slow. Farrar, Straus and Giroux.

COSTA, Joan; PUTNAM, Linda, y GARRIDO, Francisco (2000). Comunicación Empresarial. Ediciones Gestión.

TVERSKY, Amos (1982). Judgment Under Uncertainty. Cambridge University Press.

Índice

FRANCO PISSO es abogado egresado de la Pontificia Universidad Católica Argentina (Rosario) y docente superior universitario egresado tambien de dicha institución. Es Máster Internacional en Oratoria por la Esneca Business School (España), reconocido por la Universidad del CLEA (México) y por la Universidad Católica de Cuyo (Argentina).

Se dedica profesionalmente a enseñar como comunicar de manera efectiva y alcanzar resultados a través de la palabra. En estos años como profesor tuvo más de 10.000 alumnos y brindó sus servicios de consultoría a más de 170 empresas.

En 2020, lanzó su curso online Oratoria para Inconformistas, capacitando de manera asincrónica a hispanohablantes de todo el mundo.

Editorial
www.tintadeluz.com.ar
+54 9 261 3014073
info@tintadeluz.com.ar
Mendoza, Argentina.

Made in United States
Orlando, FL
10 October 2023

37762955R00112